김현수 목사의
위 해피(We Happy)

머리말

감사해요~ 사랑해요~ 감사합니다!

1999년도에서 2000년대에 진입하던 때가 생각납니다. 새로운 21세기를 맞이하면서 세상이 어떻게 될까 하면서 기대 반 우려 반으로 혼란과 설레임이 있었던 것입니다. 큰 문제없이 시간은 또 후딱 지나갔습니다. 그리고 다시 10년대가 끝나고 20년대로 들어가는 2020년이 되었습니다. 놀라운 AI시대에 접어들었고 시대가 무섭게 급변하고 있습니다. 이에 어떻게 대처하고 적응할 것인지의 지혜가 필요한 것입니다. 더욱 멋진 새 역사가 우리 앞에 전개될 것을 기대하게 됩니다.

필자는 그때마다의 이야기와 생각들을 복음신문에 격주로 연재하면서 여기까지 달려 왔습니다. 2008년 1월부터 2012년 12월까지의 5년 동안 있었던 일들을 이곳에 모았습니다. 이미 지나간 날들의 이야기지만 다시 되새겨 보는 것도 재미가 있습니다. 이런저런 다양한 그때마다의 주신 은혜를 글로 표현했는데 새롭고 아련한 기억이 새롭습니다. 또 지나간 시간의 흐름 속에 새로운 감회가 느껴지기도 합니다.

대학 졸업 후 직장생활을 하면서 많은 상처와 아픔으로 고통하고 있는 자들을 보았습니다. 이에 대한 특별한 대안이 없었고 안타까운 심정이었습니다. 정신질환(?)의 사전예방과 치료적인 접근 방법으로 가장 바람직한 것이 바로 목회라고 판단했습니다. 그래서 목회를 하고 싶은 사명감으로 사표를 던졌습니다. 1984년 12월 서울 사당동에 만삭이 된 아내와 3살 된 딸을 데리고 부름받은 은혜에 감사하여 개척을 했습니다. 그 시절의 잊을 수 없는 사건들이 수두룩합니다. 많은 사람들이 내 곁을 떠났고 그럴 때마다 아픔이 있었습니다. 그러나 지금까지 내 곁에 있는 사랑하는 성도들도 많이 있습니다. 아주 재미있고 보람있는 추억들이 지금도 내 마음 깊이 남아 있고 그것까지도 은혜임을 고백하게 됩니다.

개척 후 20년이 되는 2004년 12월 겨울, 36년의 역사를 가진 교회로 초빙을 받았습니다. 이 책에 소개되는 글들은 내가 거기서 목회하던 끝 무렵의 아주 어수선했고 어려웠던 때였고 지금의 교회를 다시 개척했던 시기였습니다. 그당시 과감하게 결단하여 미련없이 떠나야했고 생소한 곳에서 새 출발을 했습니다. 내 목회에서 가장 힘들고 괴로웠던 시기였음에도 복음신문의 칼럼은 여전히 꾸준했습니다. '위 해피(We Heppy)' 라는 제목처럼 그렇기에 행복했고 또 이렇게 고백할 수 있었고 더욱 감사했던 것입니다.

말할 수 없는 쓰라린 눈물의 순간들이었습니다. 주님의 십자가 길을 몰랐다면 포기할 수밖에 없는 아픔이 많았습니다. '비바람이 앞길을 막아도 나는 가리 주의 길을 가리, 눈보라가 앞길을 막아도 나는 가리 주의 길을 가리, 이 길은 영광의 길 이 길은 승리의 길~' 내가 좋아하는 찬양입니다. 그래서 이렇게 찬송하며 넉넉히 이겼던 것입니다.

'내가 죽지 않고 살아서 여호와께서 행하시는 일을 선포하리라' (시편 118:28)의 말씀처럼 귀하고 값진 간증이 되어서 하나님의 일을 선포할 수 있는 것입니다. 나를 죽이려는 악랄한 공작에도 전혀 굽히지 않았습니다. 생명과 능력의 말씀이 이기게 했던 것입니다. 오히려 말씀이 실제가 되어 살아있는 생명을 전하며 선포할 수 있는 목사로 거듭나게 하신 것입니다. 아픔과 시련을 딛고 일어서게 하신 전화위복의 하나님을 찬양합니다.

2020은 꿈을 가지고 다시 개척한 꿈너머꿈교회 7주년이 되는 해입니다. 의미 있는 2020의 때에 아름다웠던 이야기들을 한권의 책으로 모아서 값진 고백과 간증이 되기에 더 귀하게 느껴집니다. 그래서 '범사에 감사하라, 이것이 그리스도 예수 안에서 너희를 향하신 하나님의 뜻' (살전 5:18)이라는 말씀이 역시 진리인 것을 실감하게 됩니다.

이 시간을 빌어 감사하고 싶은 많은 사람들이 있습니다.

1984년 사당동 개척부터 또 안양에서 다시 지금 동탄까지 만남의 축복으로 함께 살아온 믿음의 가족들입니다. 이사까지 하면서 언제나 내 곁에서 함께 울고 함께 눈물로 어우러졌던 나의 애절한 사랑이 흠뻑 배어 젖어있는 식구들입니다. 이제는 우리 함께 웃을 수 있기에 자랑스럽고 행복합니다. 그렇기에 나는 언제나 자신 있게 '행복한 목사' 라고 말을 하고 있습니다.

또 졸필임에도 귀히 여기고 끊임없이 연재할 수 있도록 허락하신 복음신문 사장님과 국장님 그리고 도서출판 조은 김화인 대표님께 깊은 감사를 드립니다. 특별히 이번에는 이렇게 책으로까지 출판할 수 있도록 원고를 모아주시고 하나하나 섬겨주신 한병국 부장님과 김진순 팀장님의 손길에 깊은 감사를 드립니다.

그리고 내게는 빼 놓을 수 없는 가장 귀한 분이 계십니다. '하늘 시민' (빌 3:20)되신 나의 엄마와 아버지께 감사드리고 싶습니다. 그때는 몰라서 고인으로 장례식을 치렀습니다. 잠을 자는 '천국환송 예식' 을 하지 못한 것이 정말 아쉽고 바보스럽습니다. 지금 부활실천신학을 정립하여 국내외적으로 강의하며 기독교 새 문화의 변화를 이끌며 개혁하고 있는 막내아들을 보며 얼마나 기뻐하실까, 대견스럽고 흐뭇해하실 모습을 그리며 인사를 드립니다.

마지막으로 건강하게 목양일념으로 나를 신뢰하고 지켜준 아내에게 감사할 뿐입니다. 불어불문학 교수로 일을 하다가 맨 손으로 개척하겠다는 용감한(?) 나를 따라준 것입니다. 그리고 피아노가 장난감과 놀이터로 알고 놀던 소임이가 39살이 되어 하율, 소율이 엄마로 찬양 사역자로 쓰임 받고 지난 12월에는 극동방송 아트홀에서 성탄축하 콘서트에 함께 출연하여 은혜를 나누기도 했던 것입니다. 거할 집이 없어서 교인 창고에서 살 때에 아들 영혁이가 쥐를 잡겠다고 뛰놀았는데 지금은 잘 자라서 미국 유학과 해군통역장교, 서울대학교대학원을 마치고, LG경제 책임연구원으로 쓰임 받고 있습니다. 또 지난해에는 믿음의 최고선물인 미지가 나의 며느리로 새 가족이 되어서 얼마나 좋고 행복한지 모릅니다.

2020년을 우리교회 표어로 '오 놀라운 축제의 해'로 정했습니다. 코로나19로 전 세계가 몸살을 앓고 있는 때에 나는 위기를 기회로 삼고 이렇게 글을 쓰고 정리하여 출판할 수 있기에 감사할 뿐입니다. 이글을 대하는 모든 분들에게도 날마다 주님 일하심의 축제로 계속 전개될 것을 기대합니다. 인생은 만남입니다. 우리의 만남은 언제나 함께 있어 행복한 사람들입니다. 그래서 위해피(We Happy)입니다. 본 '위해피'를 발간하면서 주님의 은혜에 감격하며 짱 좋으신 하나님께 감사와 영광을 돌립니다.

2020년 5월

동탄 목양실에서 하나님의 종 김헌수 목사

차례

02

03

04

05

딸(며느리) 탄생기념(첫만남)

목사님의 손주(소율, 하율)

한가한 오후 찬양

제8차 세계성령사역자국제대회(꿈너머꿈교회)

위 해피 'We happy'

지난번 목사님들과의 모임에서 의미 있는 대화를 가졌다. 내일의 전망에 대하여 자연스럽게 얘기를 나눴다. 과연 이 땅에 비전이 있느냐는 것이다. 처음부터 마지막까지 되어지는 얘기는 부끄럽게도 '비전이 없다'라는 것이었다. 정치, 경제, 사회, 문화, 예술, 종교에 이르기까지 세상을 보고 사람을 볼 때에 그렇다는 것이다.

그러나 다행히도 주님을 바라보면 '결코 그렇지 않다'라고 결론이 내려졌다. 우리가 기대를 거는 것은 주님이 계시고 또 온전케 하시는 예수 그리스도를 바라볼 수 있기 때문이라고 했다. 그럼에도 불구하고 왠지 좀 시원치 못하고 뭔가 석연치 않은 듯 묘한 감정을 느끼게 했다. 답답하다는 것이 솔직한 표현이고 심정이었다.

그런데 이러한 어두운 마음의 착착함을 사라지게 하는 비전을 실제로 볼 수 있었다. 은혜를 나누기 위해 부흥회 강사로 갔는데, 거기서 귀한 내일의 가능성을 느낄 수 있었다. 이웃 교회에서 자기 교회처럼 한 식구가 되어서 참석하여 헌금하고 찬양하는 성도들을 보았다. 교단을 초월하여 타교회의 이웃 목사님들이 앞장서서 성도님들과 함께 참여하신 것이었다. 놀랍고 은혜가 됐다. 시간마다 함께 모여와서 내 교회인 듯 어우러져서 봉사, 헌신하며 성회를 위하여 뜨겁게 기도해 주는 모습들이 얼마나 아름다웠는지 잊을 수가 없다.

초대교회의 모습을 연상케 했다. 사실 이러한 것은 현대교회에서 쉬운 일이 아니다. 한 마음이 되어 더불어 교회를 섬기며 나누는 아름다운 은혜의 모습들을 보면서 내일의 한국교회에 대한 비전과 가능성을 보았다.

또 하나는 그곳에서 건축업을 하시는 집사님을 만났다. 그분은 음성에서 세금을 제일 많이 낸다고 하셨다. 부족한 자가 그렇게 큰 일을 할 수 있어서 너무 감사하다는 것이다. 돈을 많이 벌고 있다는 자랑이 아니라, 세금을 많이 내서 지역 경제를 활성화하게 되니 얼마나 감사한 일이냐는 것이다. 그리고 많은 직원들이 우리 회사를 통하여 생활을 꾸려나가며 또 자녀를 큰 인물로 키우고 있으니 정말 감사한 일이라는 것이다.

대체적으로 탈세와 세금을 적게 내려고 하는 오늘의 현실에서 귀감이 되었다. 그분은 많은 세금을 내기에 또 많은 사람을 살릴 수 있다는 생각으로 분명한 의지를 가지고 감사함으로 회사를 운영하고 있었다. 이 자랑스러운 기독 실업인이 있다는 것에 큰 자부심을 갖기에 충분했다. 이러한 나눔과 섬김의 아름답고 귀한 모습 속에서 한국 경제계에 대한 내일의 비전과 가능성을 볼 수 있게 되었다.

요즈음 나를 설레게 하는 것이 또 하나 분명히 있다. 그래서 우리에게는 비전이 있다고 자신 있게 말할 수 있게 됐다. 지금 한국교회가 새롭게 변화되는 모습을 발견하기 때문이다. 계속해서 건물이 커지고 사람이 많아지는 모습들이 아니다.

교회는 예나 지금이나 둘의 모습으로 나눌 수 있다. 육적인 교회와 영적인 교회이다. 그런데 많은 교회들이 이제는 육적인 교회에서 영적인 교회로, 또 율법적인 교회에서 복음적인교회로 패러다임이 바뀌는 것을 보게 된다. 복음적이며 영적인 교회와 목회자들을 자주 만나고 접하게 되면서 교회에 대한 비전을 다시 보게 되는 것이다.

본인이 시무하는 교회도 38년의 역사를 가지고 있다. 우리교회가 시대적 사명을 감당하고 살아있는 생명력의 교회가 되기 위해서 분명한 것은 복음으로 또 영적인 교회로의 전환이었다. 먼저 아동의 목양제자들을 복음으로 양육하니 1년에 5배로 부흥됐다. 이에 교사들은 더욱 영적인 사람으로 성령 충만하고 있다. 이러한 분위기로 온 교회가 변화되어 율법적 정죄에서 복음적 용서와 사랑으로 열방을 향하고 있다. 그러기에 우리교회를 보아도 말 그대로 비전이 보인다.

주님만을 바라보며 주님만을 신뢰하는 온전한 복음적 교회들이 이 땅을 리드해 나가야 할 것이다. 주님의 교회들이 온전히 세워져 가고 있기에 이 땅에 비전이 있는 것이다. 비전 있는 교회를 통하여 정치 경제 사회 문화 예술의 모든 분야에 비전이 보이는 이 민족이 되기를 소원한다.

2008년 2월 3일

3.1절 기념예배 딸과 손자

기도하는 가족

주일 아침 7시가 되면 교사들이 기도로 주일을 시작한다. 담당자는 교사가 돌아가면서 순서를 맡아 진행한다. 한 주간동안 받은 은혜의 말씀을 간단히 나누고 찬송을 뜨겁게 한다. 그리고 기도제목을 나누어서 함께 소리 내어 기도를 한다. 특별히 오늘의 주일예배를 위하여 합심하여 기도하는 것이다. 기도회를 마치면 빵이나 우유, 밥으로 간단하게 아침을 해결하고 9시에 있을 아동부 예배를 준비한다.

기도로 시작하기에 오늘도 기대가 되어지고 자신이 생긴다. 주님께서 하신다는 믿음이 있기 때문이다. 사람이 하면 사람이 하지만 사람이 기도하면 하나님이 하신다는 확신 때문이다. 오늘도 주님께서 일하시는 날이 분명하다. 오늘도 우리가 알지 못하는 크고 비밀한 역사가 나타날 것을 소망하며 주일예배를 맞이하게 된다.

교사에는 정교사와 부교사 또 기도교사와 간식교사 그리고 차량교사가 있다. 한 반을 움직이고 양육하며 지도하는 일에 적어도 5명 이상의 교사가 함께 협력을 하고 있다. 그러기에 무엇보다 영적인 힘을 제공하게 되는 기도의 일이 그 무엇보다 중요하다고 할 수 있다.

또한 아동부 예배 중에도 기도하는 시간이 있다. 비록 작고 어리지만 그 순수하고 깨끗한 심령으로 기도할 때에 나타나는 믿음의 힘과 위력은 대단하다. 그래서 응답도 속히 이루어진다. 모두가 함께 기도하는 중보기도 시간인 것이다. 담임목사를 위하여 또 오늘 예배와 설교말씀을 위하여 어린아이들이 소리 높여 중보기도를 매주일 하는 것이다. 그 후에도 또 다시 모여서 그룹으로 중보기도를 드리는 어린이 중보기도팀이 있다.

그러기에 목사가 설교를 잘해서라기보다 이러한 어린 심령들의 중보기도로 언제나 놀랍도록 온 성도가 은혜를 받고 변화되어지는 역사가 날마다 나타나고 있는 것이다. 그들은 담임목사에게 꼭 필요하며 아주 든든한 큰 믿음의 재산이 되고 있는 것이다. 아주 자랑스럽다.

또한 1년 52주 릴레이 기도회가 있다. 가족과 함께하는 가족기도회인 것이다. 일주일 중 편한 날을 택하여 온 가족이 함께 모여 교회 기도실에서 기도를 하는 것이다. 여기에 기도책자를 주어서 기도를 하게 한다. 기도를 잘 모르는 어린이, 초신자라 할지라도 얼마든지 할 수 있도록 기도훈련 집을 통하여 기도를 하게 한다.

자녀는 부모님을 위한 기도로 또 부모는 자녀를 위한 기도를 드린다. 그리고 이웃, 교회와 나라를 위한 기도는 가족이 한 목소리로 기도하게 한다. 너무 쉽고 은혜가 되는 내용들이다. 그 후에는 가족이 함께 손을 잡고 기도한 후에 마친다. 그러나 그것으로 끝난 것이 아니다. 마지막 교회 밖으로 나가 평소에 가보고 싶은 곳에 가서 맛있는 음식을 먹는 것으로 마무리를 짓는다. 기도회를 통하여 모처럼 가족과 함께 회식을 하는 것이다. 또 가족회의도 겸하여 갖는다. 어떤 아이는 기도보다는 엄마 아빠랑 맛있는 것을 먹는 것이 좋다고 한다. 부모들도 자녀와 온 가족이 함께 있는 것만으로도 아주 좋다고 한다. 그래서 가족기도회의 날이 기다려진다고 한다.

그렇다. 우리는 기도하기에 한 가족이다. 우리는 예수 그리스도로 한 생명 된 영원한 가족인 것이다. 기도를 통하여 가족이 가족되게 할 수 있으며, 부모가 부모 되어지며, 자녀가 자녀 되어지는 거룩함이 있게 될 것이다. 또한 교회가 교회되어지는 것이다. 그리고 이 기도는 한 가족 됨의 은혜를 직접 체험하게 되는 것이다.

우리 함께 기도함으로 한 가족된 것이 감사한 일이다. 나의 목회는 기도하는 가족이 있기에 언제나 소망으로 가득 차게 된다. 이러한 기도가 있기에 참으로 행복하다. 이 행복의 감격이 나를 날마다 더 아름다운 행복한 삶으로 만들어가고 있다. 온 누리에 이 큰 행복으로 넘쳐나기를 기도한다.

2008년 2월 20일

98주년 3.1절 기념예배(광화문 희망광장, 대표단장 김헌수)

대한예수교장로회 총회(웨신)
신년 감사예배(꿈너머꿈교회)

그 날의 감격!

지난주일 안양샘병원 의료원장이며 분당 샘물교회 장로이신 박상은 박사를 모셔서 은혜의 말씀을 나눴다. 마침 청년회 헌신예배로 그들에게도 꿈을 심어주고 우리 모든 성도들에게도 섬김의 귀한 모델이 될 수 있다고 생각되어 기쁨으로 초청했다. 이에 바쁘신 중에도 성령님의 강한 이끄심에 시간을 낼 수 있었고 함께 말씀을 나누게 되어 행복하다고 하셨다. 여러 가지의 귀하고 값진 말씀 중에서 지금까지 기억에 남는 단어가 있다. '그 날의 감격'이란 말이다. 박 원장은 지금도 그날의 감격을 잊을 수 없다고 고백했다. 그 내용은 이러한 것이었다.

그는 경상도 시골 목회자의 가정에서 어렵게 자랐다고 한다. 어머님은 7남매를 키우면서도 주의 종들을 지극한 정성으로 섬겼다. 언제나 전도사님들을 모셔서 대접을 하였는데 맛좋은 부사 사과의 사건을 지금도 잊을 수 없다는 것이다.

가난과 헐벗음의 그 시절에 7남매들은 주의 종 전도사님이 남긴 그 사과 한 조각 먹는 것이 소원이었다. 그러기에 손님이 나가기가 무섭게 뛰어 들어가다 부닥치기도 했다. 그러기에 우리 형제들이 언제나 유일하게 먹을 수 있었던 것은 사과를 깎고 난 껍질이었다. 그러나 어머님은 사과 껍질을 깎는 솜씨가 놀라워서 아주 얇게 깎으셨다. 어떤 때는 펑크가 날 정도로 잘 깎으셨다. 그러니 당연히 그나마 빨아먹을 살이 거의 없었다. 그럼에도 그 껍질하나 차지하려고 7남매가 서로 경쟁을 했다는 것이다.

하루는 어머니께서 전도사님도 안 오셨는데 그렇다고 다른 손님이 계신 것도 아닌데 사과를 깎고 계시는 것이 아니었던가. 이상하다? 누구를 주려고 그러시나 의아해 하면서 사과껍질 하나라도 또 먹으려고 기다렸는데 웬일인가? 사과를 깎아서 통째로 내 앞에 내놓는 것이었다. 나를 위하여 사과를 깎았다는 것이다. 그동안 나에게는 그나마 사과껍질의 붙어있는 살덩어리가 고작이었는데 때가 되매 이러한 놀라운 사과를 통째로 먹을 수 있게 된 것이다.

바로 그 감격, 그 날의 감격을 잊을 수 없다는 것이다. 지금은 먹을 것도 많고 풍성한 하나님의 축복을 받아 살고 있지만 그때 그 사건은 지금도 감격이 되고 있다는 것이다. 그 날의 감격! 아 어찌 잊으랴~ 많은 세월의 흐름 속에 그 감격은 영원하여 지금도 똑같은 감격으로 와 닿고 있다는 것이다.

그렇다. 우리 하나님은 좋으신 분이다. 어머니보다 그 누구보다 더 좋으시며 완벽하신 하나님이시다. 그 영원하신 하나님은 지금도 살아계셔서 똑같이 일하고 계신다. 지금 내가 먹고 싶은 사과 한 조각을 못 먹고, 비록 그 남은 껍질을 빨고 있다할지라도 괜찮다. 때가 되면 반드시 하나님은 우리에게 축복하시는 날이 오기 때문이다.

지금의 고난과 아픔들 그리고 배고픔을 이겨야 한다. 분명히 나를 위한 예비하심이 있다는 것을 기억해야 할 것이다. 하나님은 미리 준비하시는 여호와이레가 되신다. 하나님은 우리의 앞길을 예비하실 뿐 아니라 축복으로 역사하신다. 하나님은 우리 인생여정에서 앞서 행하시어 승리케 하시는 여호와 닛시가 되시는 것이다.

이 하나님께서 비록 사과껍질 하나라도 감사함으로 기다리는 자에게 때가 되면 놀라운 것들로 일하시는 것을 믿어 의심치 않는다. 하나님의 역사하심으로 나에게도 주어질 그 날의 감격이 기다려지고 있다. 그러기에 불평할 이유도 없다. 속상하다고 투덜거릴 것도, 답답해 할 것도 없다. 오직 감사할 뿐이다. 지금 어렵다고 실망말자.

지금 당장 눈에 보이는 욕심으로 하지 말자. 비록 사과껍질을 먹어도 주님이 일하시고 도우시면 반드시 사과 전체를 통째로 먹을 수 있는 그 날이 오리라. 하나님의 계획 속에 우리에게도 그 날의 감격이 있으리라. 주님 앞에 섰을 때에 잘 하였다 칭찬받는 상급을 기대한다. 오늘도 믿음으로 세상을 이기며 말씀의 약속을 붙잡고 나아자자. 그 날의 감격! 내게 있으리라! 주님 감사합니다.

2008년 3월 9일

감리교전국부흥단 주최 98주년 3.1절(대회장 김헌수 목사)

파주 기독교연합회 초청 설교

진정한 축사!

크고 작은 많은 행사들이 있다. 좋은 일에는 많은 축하의 마음을 전하며 축복을 빌고 함께 기뻐하게 마련이다. 마땅히 축하를 하는 것이다. 그러기에 그 행사에는 축사라는 순서가 들어간다. 또 여기에 격려사를 덧붙여서 하기도 한다. 좋은 일이다. 그만큼 축하를 해야 할 많은 사람들이 있고 또 많은 축하를 받아야 할 일이기 때문일 것이다.

그러기에 축하하는 순서에는 1~2명이 되기도 하지만 더 많은 사람들이 축하의 순서를 하는 경우가 많다. 어떤 때는 이 축하의 순서가 너무 많아서 많은 시간을 낭비(?)하는 경우도 생기게 된다. 축사를 하는 어르신들은 나름대로의 위치가 있다 보니 말솜씨 또한 있기에 더욱 그러한 것이다. 그러다 보니 어떤 경우는 많은 축사의 순서로 오히려 짜증이 되기도 하는 우를 범하기도 한다.

지난번 샘안양병원에서 아프리카에 크리스천 종합대학을 설립할 계획을 가지고 '아프리카 미래재단 후원의 밤'을 양재동 교육문화회관에서 가졌다. 여기에도 영락없이 축사의 순서가 있었다. 아주 좋은 일이었기에 아닌 게 아니라 많은 분들의 축사 순서가 들어 있었다.

그래서 예정시간보다 더 많은 시간이 지나서야 모든 순서가 끝날 수 있었다. 보통 같으면 좀 짜증이 날 만도 한데 그 날은 그렇지 않았다. 의미 있는 첫 축사의 말에 공감을 했고 나를 감동하게 했기 때문이다. 그 말이 지금도 기억에 남는다.

"이제 내 나이 되다보니 친구 중에 장관도 나오고, 제법 사회적으로 괜찮은 위치에 많은 사람들이 있게 됩니다. 그래서 축하해야 할 일도 많아지고 축사를 부탁하면 가야될 일도 많아졌습니다. 그러나 나는 그들에게 정중히 축사를 거절합니다. 왜냐하면 그러한 것들은 사실 축하받아야 하고 또 축하해야 할 일들이 아니기 때문입니다."

자기의 출세를 자랑(?)하고 과시하는 권력의 힘은 진정으로 축하받을 일 아니라는 것이었다. 자기 자신을 위한 일에는 축하의 의미가 없다는 것이다. 축하를 받아야 하고 또 축하를 하며 축사를 해야 할 것은 자기를 위한 일이 아니라는 것이다. 자화자찬의 미사여귀의 축사는 별 의미가 없기에 거절한다는 것이었다.

그러나 오늘 여기는 그렇지 않다. 보다 많은 축복이 필요하고, 많은 축사가 있어야 한다는 말에 의미를 갖게 되었다. 그렇다. '아프리카 미래재단 설립을 위한 후원의 밤' 행사는 당연히 축하를 해야 하고 또 축복을 빌어야 될 행사였음에 분명하다. 왜냐하면 그날의 행사는 분명히 남을 위한 일이었다. 나를 위한 나의 자랑이 아니었다. 그리고 그 행사는 가난과 질병을 타파하고 인류의 사랑을 전하며 섬기는 아름다운 행사였다. 미래를 향하여 나아가는 저들을 위한 것이었다. 여기에 자기를 희생하며 헌신함으로 이루어지는 일이기에 마땅히 축하받을 만한 가치가 있었던 것이었다.

나도 지난 13일에 축하 받을 일이 있었다. 한올문학 수필부문에서 신인상을 수상하였다. 그리고 수필가로 등단을 하게 되었다. 신인상 수상 및 수필가 등단 감사예배를 드린 것이다. 이 은혜에 감사하여 부족한 자가 평소 사랑하는 분들과 함께 하나님께 감사하며 영광 돌리는 감사예배를 드렸다.

그러나 여기에도 예외 없이 축하의 순서가 있었다. 축사하는 순서에 존경하는 감독님과 안양시 기독교연합회장께서 그 순서를 맡아주셨다. 당연히 내가 축하를 받은 것이다. 그러나 부끄럽기도 하다. 그날 많은 사람들로부터 축하를 받았다. 축하의 선물을 비롯하여 축하전화, 다양한 축하전보, 멋지고 값비싼 축하화분, 풍성한 꽃다발 등 자칫 나를 위한 것이 될 수도 있었기 때문이다.

나를 자랑하고 나를 높이면 안 된다. 나를 위한 수필가 등단의 축하라면 안 될 것이다. 이 축하는 반드시 나를 통하여 남을 위한 수필가로 쓰임 받아야 한다. 다른 사람에게 좋은 영향을 끼치며 그리스도의 참된 사랑을 나눌 수 있어야 한다. 글을 통하여 아름다운 섬김의 역할을 감당해야 할 것이다. 그래서 나의 인생자체가 나를 위한 나의 욕구를 채우는 것이 아니라, 남을 위한 진정한 이웃으로 함께 살아가기를 소원한다.

주님께로부터 진정으로 축하를 받을만한 내 인생여정이 되고 싶다. 이제 수필가로서 더욱 귀한 하나님의 종으로 부름 받아 주님께로부터 '잘 하였도다' 축하받을 만한 멋진 인생을 살아가기를 다짐해 본다.

2008년 3월 23일

축복송~

엄마의 마음

아들이 군대에 갔다. 사나이로 태어나서 할 일도 많지만 그중에 최고의 일이 바로 국가를 위한 일이기에 자랑스럽게 입대했다. 나라와 민족을 위한 값진 군 생활을 잘 감당하고 마치기를 바라며 보냈다. 그럼에도 부모의 마음은 왠지 서운하기도 하고, 아쉽기도 하고, 걱정되는 것은 숨길 수 없었다.

지난 3월1일 해군 통역장교로 지금 진해에서 훈련 중이다. 세상이 좋아서인지 그들의 훈련 상황을 매일같이 인터넷을 통하여 알 수 있다. 대대장이 직접 날마다 일정표를 올려주고 누구나 볼 수 있게 되어있다. 또 누구나 인터넷에 들어가서 글을 올릴 수도 있다. 그러면 또 날마다 그 내용을 프린트해서 본인에게 나눠주어 보게 한다고 한다. 그들에게 힘이 되고 용기가 되기에 많이 써 보내줘야 한다. 그래서인지 나도 어느새 제법 몇 번의 글을 써서 올렸다. 아마도 내 아들도 그 글을 보았을 것이다.

엄마의 마음은 또 달랐다. 날마다 편지를 쓴다. 사람은 무언가 할 일이 있을 때에 살 의미가 있는 법인데 엄마는 아들에게 편지 쓰는 일이 유일한 희망(?)인지도 모르겠다. 그래서인지 엄마의 하루 일과는 아들과 함께 시작된다. 먼저 컴퓨터 앞에 앉는다. 그리고 아들의 훈련에 관한 글들이 올라와 있는 내용을 확인하고 글을 쓴다. 하루일과가 끝날 때에도 영락없이 또 컴퓨터 앞에서 하루일과를 마무리 짓고 있다. 이것이 하루의 삶을 나름대로 의미 있게 보내고 있는 엄마의 마음인 것이다.

우리가 군대생활 할 때에는 땡볕에서 박박 기었다. 그리고 거기 땅바닥에 그냥 주저앉아서 정훈교육, 정신교육도 받았다. 먼지 속에서 흙과 땀이 함께 뒤범벅되어 대부분의 훈련을 받았다. 수저도 윗 훈련복 주머니에 꽂아 두었다가 다시 손으로 쑤욱 닦아서 먹곤 하였다.

지금 아들의 훈련장면 일부의 사진을 보니 실내체육관도 있고, 대학 강의실 같은 곳에 편한 의자나 소파에 앉아있는 모습도 보게 되었다. 그럼에도 그들은 그것도 힘들다고, 불편하다고, 지겹다고… 생각하고 말할지도 모른다며 나는 한마디 핀잔을 주었다.

그러나 엄마의 마음은 그렇지 않다. 그래도 그게 아니란다. 그때는 그때고, 지금은 지금이 아니냐고 말한다. 얼마나 힘들겠냐고 하는 것이 엄마의 마음이다.

면회를 간다고 한다. 지금 훈련 중인데 임관하기 전에 한번 면회를 할 수 있다며 지금부터 엄마는 소란을 피운다. 뭘 가지고 갈까, 맛있는 어떤 음식을 가지고 갈까?

통닭, 보쌈, 개 보신탕, 삼겹살, 피자, 블루스타를 가지고 가서 끓여줄까? 이것저것 생각에 여념이 없다. 그래서 대답 없는 인터넷 글에 또 편지를 쓴다. '사랑하는 아들, 영혁아! 엄마가 면회 갈 때 뭘 가지고 가면 좋겠니? 어떤 음식을 가지고 갈까? 무엇이 제일 먹고 싶니?' 물어본다. 이것이 엄마의 마음이리라.

나에게 묻는다면 나는 이렇게 대답할 텐데, 자장면! 왜냐하면 내가 군대 있을 때에 제일 먹고 싶었던 것이 자장면이었다. 그러나 지금도 여전히 나에게는 묻지 않는다.

지금 엄마는 인터넷 앞에서 글을 보다가 깜짝 놀란다. 갑자기 웬 일인가 싶었더니 훈련 중 수류탄이, 빈 라덴이… 당황하기도 한다. 나 역시 깜작 놀랐다. 무슨 사고라도? 뭔가 긴장하며 끝까지 자세히 읽어 보았더니 오늘이 바로 4월 1일 만우절이란다.

군대에서의 훈련은 농담이 없다. 거짓이 없다. 항상 실전이다. 만우절이 통하지 않는다. 단 한 번의 그냥 해보는 것이 없다. 언제나 진짜다. 사실이다.

엄마의 마음도 그렇다. 그와 같다. 언제나 끝없이 그리고 끊임없는 아들 사랑에 변함이 없을 것이다. 2008년 4월 6일

제주 사모세미나에서(아내 홍미표)

예배 후 미녀들(음성 정신병원)

당신도 예비 장애인입니다

이 세상에는 몸도 맘도 건강하고 아무 불편함이 없는 정상인도 있지만 이에 반해 그렇지 못한 비정상인도 많다. 신체나 마음에 장애를 가진 비정상적인 사람을 일컬어 장애인이라고 말한다면 그렇지 않은 사람은 정상인이라고 말할 수 있다.

지금 내가 지극히 정상인이지만 영원히 그렇게 살아가라는 법은 없다. 인생을 살아가다 보면 언제, 어느 때 신체나 마음에 장애가 찾아올지도 모르는 것이 우리의 현실인 것이다. 그러기에 정상인을 다른 말로 '비장애인' 또는 '예비 장애인'이라고 일컫기도 한다. 그렇다면 당신도 미안하지만 예비 장애인임에 틀림이 없는 것이다.

지난 4월 20일은 장애인의 날이었다. 장애인의 날은 1970년 국제재활협회 이사회가 테헤란에서 개최되면서 1972년 한국장애인재활협회 이사회는 4월 20일 제1회 재활의 날 행사를 가짐으로 시작되었다. 그 후 1976년 제31차 유엔총회에서는 1981년을 세계 장애인의 해로 정했고, 우리나라는 그해 4월 20일을 장애인의 날로 공식 지정하면서 각종 기념행사를 하게 되었다.

1989년 장애인복지법이 개정되면서 장애인의 날은 정식으로 정부 기념일이 되어 지금에 이르고 있는 것이다. 한국 교회는 1988년 서울장애인 올림픽이 열린 이듬해 1989년에 장애인주일을 선포했다. 감사한 일이다. 지금 하나님의 은혜로 우리는 전체인구의 20%이상의 복음화를 자랑하고 있다.

그러나 정작 장애인은 2~3%만이 복음화 되어 있다는 통계를 볼 수 있다. 이는 부끄러운 일이다. 한국 교회가 장애인에 대해서 그만큼 무관심했던 것이 아닌가 생각해봐야 할 것이다. 또 복음의 대상자에서도 차별화하지는 않았는지 심각하게 점검해 보아야 할 것이다.

일반적으로 사람들은 장애인을 무조건 불쌍하다고 생각할 수 있다. 그리고 무능력하다고 판단하여 무언가 도와주어야 할 대상으로만 생각할지도 모른다. 그러나 결코 그렇지 않다. 그들의 가장 큰 문제는 바로 예비 장애인인 정상인들로 인해 오는 불편함이 더 크고 많은 것이다. 그들이 더 심각한 문제가 되고, 더 무서운 존재가 되고 있다는 것을 우리 정상인들이 분명히 알아야 할 것이다. 정상인들의 편견과 아집, 무시와 무관심에 문제가 있는 것이다.

지난 20일 이미 장애인의 날은 지나갔다. 그러나 그러한 날에만, 그날만을 위한 관심으로 반짝 행사가 되어서는 안 될 것이다. 무언가 그들을 기쁘게 해 준다고 다양한 프로그램으로 위로하고 힘을 주는 것도 너무 귀하고 좋은 일이지만, 너와 나의 삶의 현장에서 서로에게 불편함이 없이 장애가 느껴지지 않는 하나님의 나라가 이루어져야 될 것이다.

지금 장애인들은 '장애인의 날' 대신에 '장애인 차별 철폐의 날'로 바꾸어 달라고 호소하고 있다. 나는 이렇게 말해주고 싶다. 사람은 누구나 하나님 앞에 평등하다. 함께 어울리고, 함께 똑같은 대우를 받을 수 있어야 한다.

함께 웃으며 손잡고 기쁘게 소리치며 살아갈 수 있는 아름다운 삶의 공동체가 될 수 있기를 기대해 본다.

2008년 4월 27일

사모세미나 대표단장 김헌수 목사 인사말(제주도)

천국환송 박람회(일산 킨텍스)

투헤븐선교회 김헌수 목사의 학교강의

최고의 어린이 날

우리교회 아동부 싱가포르 반에 미진이라는 어린이가 있다. 철부지이지만 그러나 똑똑하고 호기심 많은 6학년짜리 아이인데 영리하고 재주도 많은데 가정에 문제가 있었다. 엄마는 아빠와 헤어졌고 미진이는 아빠와 함께 할머니 집에서 살고 있었다.

가끔씩 미진이 엄마는 우리교회에 찾아오기도 했다. 예쁜 딸을 만나고도 싶었고 또 언제나 친동생처럼 아끼고 사랑해 주는 선생님께 감사의 말을 전하고 싶었기 때문이었다. 수진이가 피아노 대회에 나가면 선생님도 같이 가서 응원해주었고, 학교에서 전교 학생회장에 출마할 때에도 선생님은 자기 일처럼 앞장서서 인사말, 연설문, 출마공약도 봐주고, 피켓도 함께 만들고, 응원부대도 동원해 주었다. 이처럼 미진이는 선생님과 뗄 수 없는 단짝이 되었고, 엄마 아빠와의 비어있는 아픔에 선생님이 대신 자리 잡고 있었고 힘이 될 수 있었다. 그러기에 미진이는 언제나 당당했고, 명랑했으며, 인사성 바르게 또 예쁘게 잘 자라고 있었다.

1년에 한번뿐이 어린이날이 돌아왔다. 여느 때처럼 미진이는 이날이 기다려졌고, 선생님과 함께 놀고 떠들 수 있기에 더욱 기대가 되었다. 그러나 금년 어린이날은 그렇지 못했다. 아버지가 갑자기 급성 골수성 백혈병이라는 진단명을 병원에서 받았기 때문이다.

아빠의 영혼구원을 위한 수진이의 뺨에 흘러내리는 눈물은 누가 봐도 가여웠다. 그래서 선생님은 어린이날에 비록 아빠가 병상에 누워 계시지만 더 특별한 날로 미진이와의 멋진 계획을 세웠다. 미진이를 위로도 해야 했고, 아빠 엄마대신 힘과 용기를 주고 싶어서였다. 그러기에 미진이와 선생님은 마음껏 부푼 마음으로 내일의 어린이날을 기다리고 있었다.

드디어 어린이날이 왔다. 이아침 날이 새기도 전에 어린 미진이가 눈을 비비며 환호성을 지르기도 전의 일이었다. 새벽 일찍 그토록 안타까워하며 기도했던 미진이의 아빠가 세상을 떠난 것이었다. 미진이도 선생님도 파아란 들뜬 마음의 어린이날 아침에 그 소식을 들은 것이다. 스승과 제자는 함께 부둥켜안고 울고 또 눈물을 마냥 흘렸다. 최고의 어린이날을 계획하고 있는 미진이와 선생님의 심정도 모르고 또 넓은 들판을 날아보고 싶은 미진이의 마음을 기쁘게 해 주지 못하고, 아빠는 그 하루를 더 못 기다려주고 미진이 곁을 떠난 것이다.

목사로서 미진이에게 해 줄 말도 잠시 잊었다. 그러나 나는 이렇게 말했다.

"미진아, 어제 주일예배를 마치고 할머니가 말씀하셨고, 비록 아빠는 병상이었지만, '나는 죄인입니다. 예수님은 내 죄를 십자가 보혈로 깨끗이 씻겨 주셨습니다. 그리스도의 보혈로 나는 죄 사함 받았습니다. 예수는 나의 구세주입니다. 나는 이제 하나님의 자녀가 되었습니다.' 따라했고, 고백했고, 그래서 세례를 받았고, 이제는 자랑스러운 하나님의 자녀가 되었단다. 이것은 네가 그토록 기도한 결과 하나님께서 구원의 축복을 허락하신 거란다. 너를 통하여 구원의 약속이 그대로 이루어졌단다."

어린 딸 하나가 예수를 믿고 선생님의 사랑에 흠뻑 젖어 주님의 사랑을 알았던 미진이가 그토록 아빠의 구원을 위해 기도했는데 하나님께서는 응답해 주신 것이었다. 아빠를 잃은 미진이에게 오늘의 어린이날은 더 큰 안타까움이 될 수도 있지만, 사실은 진정한 기쁨이 되는 축복의 어린이날이 된 것이다.

2008년 5월의 어린이날에 미진이는 아빠를 천국으로 보내고 구원받게 한 최고의 어린이날이 된 것이다.

2008년 5월 11일

부흥단 주최
(대표단장 김헌수)
제주도 사모세미나

손자 하율의 건반연주

극동방송 ONE HEART ONE VOICE 찬양콘서트
(꿈너머꿈교회 찬양단)

동굴과 터널, 어디인가?

믿음의 동역자인 양홍모 목사가 눈물로 교회를 건축하여 봉헌예배를 드린다고 초청하여 순서를 맡겨주어서 속초에 갔었다. 미시령 터널을 통과하니 속초 시내가 한눈에 들어왔다. 멋있게 보였다. 울산바위도 보였고, 푸르름의 출렁이는 바다도 보였다. 시원했다.

우리 인생도 이와 같을 것이다. 누구에게나 인생의 여정을 걷다보면 거쳐 가야 할 많은 길들이 있는 것이다. 항상 넓고 좋은 아스팔트 길 만 있는 것이 아니다. 때로는 휘어져 꼬불꼬불하기도 하고, 위험한 길도 나오고, 비좁아 겨우 지나가기 어려운 길도 나올 것이다. 또한 터널이 나오기도 한다.

그러나 한 번도 가보지 않은 조금은 두렵기도 한 긴 터널이 나온다할지라도 산을 휘감아 힘들게 돌아가기 보다는 이 터널을 뚫고 나가면 훨씬 더 쉽고 빠르다. 그러기에 터널은 반드시 필요한 것이다. 그리고 그 터널은 통과해야만 한다.

어떤 사람들은 터널을 지나가야 됨에도 불구하고, 이것을 회피하여 더 어렵고 힘들게 빙글빙글 돌아가며 인생을 살아가는 사람들을 보게 된다. 당연히 거쳐야 할 터널임에도 불구하고, 삶을 살아가려는 의욕도 잃어버린 채, 그냥 어둡고 힘들다고 신세타령 하듯 자기 스스로 동굴로 만들어 주저앉아 버리는 경우도 있다.

안 된다. 우리 인생에서 그 어떤 문제, 어려움과 고통이라도 그것은 동굴이 아니라, 터널일 뿐인 것이다. 비록 동굴처럼 보인다 해도 우리는 그것을 터널로 바꾸어서 빨리 통과해야 할 것이다. 이것을 모르고 자기 스스로 자꾸 파 들어가 동굴로 만들어 버리면 갈수록 더 점점 헤어 나올 수가 없는 것이다.

하나님은 이스라엘 백성들을 바로의 종으로 그냥 두지 않으셨다. 모세를 통하여 애굽에서 해방케 해 주셨다. 그렇다면 하나님께서 함께하시는 그들에게 이제부터는 완전히 형통해야 할 텐데 그렇지 못했다.

뒤에서 바로 군대가 다시 잡으려고 좇아왔다. 앞에는 홍해가 가로막고 있었다. 말 그대로 진퇴양난이다. 그럴 수가 없다. 하나님께서 출애굽하게 하셨고 하나님께서 하시는 일인데 어찌 앞뒤가 다 막힐 수가 있겠는가 말이다. 백성들은 아우성이다. 그들이 살아남을 수 있는 방법은 없었다. 그러니 더욱 불만불평하고 모세를 원망하고 차라리 죽는 편이 낫겠다고 까지 말하고 있었다.

말 그대로 그들은 스스로 동굴 속으로 빠져 들어갔다. 그러나 하나님의 계획은 절대로 그렇지 않았다. 그 길은 결코 그들이 생각하는 동굴 속의 늪이 아니었다. 터널처럼 지나가는 과정에 불과했다. 오히려 그 길을 통하여 이스라엘 백성을 죽이려던 애굽의 군대들을 다 죽였다. 그리고 이스라엘 백성들은 살리는 하나님의 계획이었고 축복이었다.

마찬가지로 우리 인생도 그렇다. 하나님의 사람들에게 절대로 동굴을 만들어 놓고 하나님께서 그곳으로 인도하는 법은 없다. 앞뒤가 완전히 갇힌 깊은 수렁이라 할지라도 그것은 결코 동굴이 아니라 잠시 후면 더 휘황찬란한 빛이 비추는 또 다른 세계가 기다리고 있는 것이다. 우리 앞에 어마어마한 기적과 축복들이 기다리고 있는 것이 보이는가? 기대가 되어 진다.

이제 조금만 더 지치지 말고 속력을 내자. 곧 터널을 빠져나와 맑고 환한 하늘이 보이고, 푸른 산과 출렁이는 동해바다가 우리 앞에 환히 보이게 될 것이다.

2008년 5월 25일

아프리카 케냐

몽골 비전트립

독이 든 생선요리?

친구 목사에게서 메일이 왔다. 멀리 바누아투 선교사로 나가있는 믿음의 동역자다. 그는 이렇게 말했다. “순간순간 지켜주시는 하나님을 체험한다. 여기 이곳에서의 삶은 전적인 하나님과의 동행함이며, 하나님의 지켜주심으로 존재하며 사역을 하고 있다”고 했다.

그 한 예의 구체적인 내용은 이러했다.

‘며칠 전 그곳 현지인에게서 생선 한 마리를 선물로 받았다. 목사님께 대접하고 싶다고 싱싱한 고기를 가지고 온 것이다. 그래서 선교사 역시 이 귀한 선물에 감동했고, 우리도 다른 손님이 오면 대접하겠다고 먹지 않고 아껴 잘 두었다. 마침 다음날 다른 원주민 성도가 왔기에 멋진 생선 요리로 대접을 하려고 맛있게 생선을 튀기었다. 최고의 요리솜씨를 발휘하여 맛있게 만들고 있었다. 갑자기 원주민이 확인할 것이 있다고 가까이 왔다. 왜 그러냐고 하였더니 그 생선은 먹을 수 없는 것으로 독이 있는 것 같다고 하면서 실험을 하겠다는 것이었다. 그리고는 그 아까운 생선 부위를 뜯어서 개미에게 던져 주었다. 개미는 그 생선을 먹지 않는 것이었다. 그 흔한 파리도 달려들지 않았다. 독이 있는 것이었다. 하나님께서는 우리를 지켜 주셨다. 독이 있는 생선을 먹지 못하도록 원주민을 바로 그 때에 보내 주셨던 것이었다. 정말 전능하신 하나님께서 한 순간이라도 지켜주지 않으시면 언제 어느 때 어떻게 될지 모르는 선교현장인 것이다.'

보내준 메일을 보면서 나는 죄송하기도 하고 또 감사한 생각이 들기도 했다. 그를 생각하니 미안했고, 나를 생각하니 감사했다. 그동안 더 열심히 선교사들을 위해 기도하지 못했고, 그 입장을 잘 알고 더 잘 섬기지 못했기에 말이다.

어느 곳에서나 복음을 전하는 모든 일에 다 그러해야 되겠지만 열방을 향한 선교사로 부름 받은 그들에게는 특별하신 하나님의 보호하심과 도우심이 있어야 됨을 실감하게 되었다. 물질로만의 후원이 아니라 여호수아를 아말렉과의 전쟁에서 혼자 보내 놓은 것이 아닌 것처럼 그 배후에는 기도하는 사람이 필요한 것이다. 모세 혼자가 아니라 그것도 아론과 훌이 함께 기도의 손을 붙잡아 준 것이다. 함께 같은 마음으로 쉼 없이 기도하는 것이 매우 중요한 것이다. 영적 전쟁에서의 우리에게 강력한 기도의 사명이 있음을 다시 한 번 인식하는 계기가 된 것이다.

지금 밖에는 비가 제법 내리고 있다. 그리고 시원한 바람이 뺨을 적시고 있다. 우리는 이 좋고 아름다운 땅에서 생명의 위협은커녕 그 어떤 불편함 없이 복음의 사역을 감당하고 있다. 정말 감사할 일이다. 감사의 조건이 하나 둘이 아니다. 그런데 감사보다는 이런 저런 못마땅한 것들로 주님을 위하여 최선을 다하지 못하고 있는 우리들의 모습을 발견하며 부끄러움을 감출 수 없게 된다.

지금도 여전히 그곳 바누아투에서의 선교적 삶은 열악한 환경과 신변에 생명의 위협까지 느끼며 하루하루를 보내고 있을 것이다.

그럼에도 불구하고 감사함으로 그 귀한 사역을 감당하고 있을 친구 목사가 자랑스럽다.

나는 이렇게 찬양하며 하나님께 기도드린다. '하나님은 너를 지키시는 자, 너의 우편에 그늘 되시니 낮의 해와 밤의 달도 너를 해치 못 하리, 눈을 들어 산을 보아라, 너의 도움 어디서 오나 천지 지으신 너를 만드신 여호와께로다~'

우리들을 통하여 열방을 정복하여 속히 하나님의 나라가 이루어지게 하소서!

2008년 6월 15일

과일깍기대회(추수감사주일)

도라지 캐기(원주)

근육이 놀랐습니다

감리교 안양동지방에서 지방체육대회를 했다. 지난해에 우리교회가 우승을 하여 올해도 자신만만하게 경기에 임하게 되는 교만(?)을 가지고 있었다. 손 한번 맞춰보지 않고 가볍게 제자리 뛰기조차도 하지 않은 채 바로 배구경기에 임했다.

경기가 시작되었다. '파이팅' 소리를 외치며 시작하자마자 아주 용감하게 움직이며 토스를 했다. 공을 올려 주었고 또 점프를 했다. 그 순간 '윽~' 하며 그만 주저앉고 말았다. 갑자기 종아리가 당기면서 디딜 수가 없었다. 종아리를 주무르며 파스를 붙이고 다시 경기에 들어가려고 일어섰다. 그러나 도저히 움직일 수 없을 정도였다. 할 수 없이 경기를 포기하고 밖에서 구경만 하게 되었다.

전문가(?)로 자처하는 교인이 달려와서 이런저런 응급조치와 치료를 했다. 오랜 시간이 지나도 막상 걸으려고 일어서면 마음대로 움직일 수 없는 상태였다. 더 이상 지체하거나 기다릴 수 없어 사랑하는 교인의 부축을 받아 절뚝거리며 차를 타고 병원을 찾았다. 혹시 모르니 엑스레이를 찍어야 된다고 했다. 엑스레이를 판독하며 의사는 이렇게 말했다.

“근육이 놀란 것 같습니다. 물리치료를 받고 또 주사를 맞고, 약을 드시면서 조금 시간이 걸릴 것이니 큰 염려는 말고 좀 더 지켜봅시다.” 다행이었다. 근육이 놀랐다는 것이었다.

그러나 정말 내가 놀란 것은 그게 아니었다. 근육이 놀란 것 보다 더 크게 놀란 것이 있다. 내가 어느새 나이 50이 넘은 정도가 아니라 60을 향해 가고 있다는 사실을 알고 놀란 것이다. 나는 아직도 옛날 젊었을 때에 운동장에 나가서 마음껏 뛰고 달리고 운동을 했기에 그런 줄로 만 알았다. 30을 훌쩍 뛰어넘어 40~50이 아니라, 60을 바라보고 있다는 사실에 정말 놀랐다. 지금까지 나이 먹는 줄도 모르고, 세월 흐르는 것을 까마득하게 잊고 살아왔던 것이었다.

20대 후반에 목회를 시작하여 젊은 시절의 열정과 에너지를 오직 주님만을 위하여 정진하여 왔는데, 벌써 60을 바라본다니 정말 놀라지 않을 수 없는 것이었다. 언제나 젊고, 항상 팔팔한 줄 알고, 아직도 얼마든지 마음껏 뛰고 움직일 수 있는 줄 알았는데 역시 나이는 속일 수 없었고 장사가 없음을 알게 되었다.

목회초년에 그 당시 서울 영등포 동작지방에서 운동을 좋아하시던 선배 목사님들과 함께 종종 축구 배구를 했던 기억이 있다. 그때에 50대의 어르신 목사님들을 보면서 마음만 젊었지 결코 몸은 그렇지 못한 것을 보면서 무리하지 말고 조심하라고 말씀을 드리며 조언(?)을 했었다.

그런데 어느새 내 인생의 삶이 벌써 60을 향하고 있는 나 또한 어르신의 노인(?) 목사가 되고 있는 것이다. 아직도 젊고 많은 인생이 남아있다고 더 이상 착각할 수 없게 된 것이다.

남은 시간과 나의 삶을 주를 위해 어떻게 마무리 할 것인가를 심각하게 생각해 본다. 어느 날 갑자기 주님 앞에 설 때에 그 때에 놀라지 않도록 해야 할 것이기 때문이다.

우리의 몸도 사전에 예비 운동을 해서 놀라지 않도록 해야 되듯, 우리 인생도 미리 잘 준비해야 할 것을 다짐해 본다.

2008년 6월 29일

생일케익(꿈카페)

삼촌의 생일날(아들 영혁과 손주)

아동부 활동

재미있는(?) 세상의 소리들!

지금 세상에는 소리가 많다. 그 들리는 소리가 너무 크고 시끄럽게 느껴진다. 이제는 피곤한 소리로 들리기도 한다. 혹시나 나까지 끼어들어서 또 하나의 시끄러운 소리가 되지 않을까 염려가 되어 조용히 자제하고 있었다. 그런데 그냥 방관(?)하기보다는 나도 작은 소리라도 그냥 내고 싶은 생각이 들었다.

한국민족은 전통적으로 극단적인 표현을 아주 좋아하는 것 같다. 배가 부르면 배불러 죽겠고, 아니면 배고파 죽겠고, 좋아서 죽겠고, 미치겠고, 환장하겠고, 못 살겠고, 신경질 나 죽겠고, 맛있는 음식이나 소주 한잔 기울이면서도 죽인다는 등의 재미있는(?) 말을 별 의미 없이 내 뱉고 있다. 사실 얼마나 무섭고 위험한 말인지 모른다. 이렇게 극단적으로 표현하고 말하며 행동하는 모습들이 전통적인 우리 민족의 얼이고 의식이라면 정말 부끄럽고 창피한 것이다.

서로 사랑하기에 성대하게 많은 사람들의 축복을 받으며 결혼식을 올렸고 아름다운 가정을 꾸몄다. 그러나 살다보니 맘에 안 들고 못마땅한 것들이 한두 가지가 아니다. 그래서 가끔씩 아니 자주 다투기도 하고 싸움을 하기도 한다. 그러나 한 가지 분명한 것이 있다. 아무리 큰 소리 나고 이런저런 일이 있어도 지켜야 할 기본 예의가 있는 것이다. 그래서 서로가 막말은 하지 않는다. 깊은 상처가 남기 때문이다. 지나치고 극단적인 표현이나 욕설과 감정을 피한다. 그래서 짐 보따리 싸들고 속상하다고 집을 나가지도 않는다. 너와 못 살겠다. 그만두자. 헤어지자 는 등의 상식이하의 말이나 행동은 정말 하지 않는다. 지금 이러한 기본과 상식적인 원칙의 틀이 가정에서만 적용되는 것은 결코 아니다. 사람이 살고 있는 모든 곳에서 그렇게 똑같이 적용되어야 한다.

우리의 국회를 보자. 법을 만들고 신성하게 지켜야 할 그곳이 그렇지 못한 것 같다. 물리적이고 극단적인 방법과 표현을 써야 살아남을 수 있기에 완강한 대치와 극렬한 싸움으로 일관하고 있을 뿐이다.

우리의 기업들도 심각하다. 자신들만의 입장에서 고집을 피운다. 서로 착취하며 끌어당겨야 한다. 파업을 해야 하고 업무자체가 마비된다. 목적달성의 쟁취를 위하여 극단적인 일들이 쉴 새 없이 벌어지고 있다.

지금은 거룩한 교회에서 조차 이런 일들을 쉽게 보게 된다. 목사를 내 보내겠다고 멱살을 잡기도 하고 강단을 빼앗아 점거하기도 한다. 하나님께 대한 두려움이 전혀 없다. 나라에는 대통령이 있다. 그들 정부를 명명하는 것부터 재미있다. 아주 자연스럽게 이명박, 노무현, 김영삼, 노태우, 전두환 정권 등 대통령 이름을 그대로 부르며 그 정부를 운운한다. 당연히 그럴 수 있다.

그러나 그것은 대통령 개인의 이름이 아니다. 나라의 질서와 권위에 해당되는 것이다. 국민의 의식 속에 부정적인 인상을 갖게 하여 도움이 되지 않는다. 극단적이고 지나친 표현과 언행들은 서로에게 엄청난 충격과 상처가 된다는 것을 명심해야 한다.

그것은 절대로 서로에게 도움이 되지 못한다. 결국에는 둘 다 망하는 길로 치닫게 된다. 너를 죽여야 내가 사는 것이 아니라, 너와 내가 같이 죽고 패하는 결과가 된다. 나의 목적달성을 위하여 극단적인 방법을 추구하던 삶의 패턴을 버리고 바꿔야 한다. 그래서 상식이하의 언행으로 웃기는 세상이 아니라 이제는 진정한 재미있는 소리가 온 천지를 흠뻑 적시는 그 날이 속히 오기를 기대하며 기다려 본다.

2008년 7월 13일

자랑스런 연신원상 수상식에서

연세대 연합신학대학원 총동문회장 당선

뜨거운 여름의 축복!

무더운 여름입니다. 그래서 날씨가 몹시 덥습니다. 불쾌지수가 높습니다. 폭염이라고 말할 수 있습니다. 힘이 들기도 합니다. 너무 덥고 뜨거워서 지치기도 합니다. 거리에 나돌아 다니기도 힘이 듭니다. 이 뜨거운 여름을 불평할 수도 있습니다. 짜증이 나기도 합니다. 싫다고 원망할 수도 있습니다. 그러나 짜증낼 수 있는 일이 아닙니다. 여름이 너무 덥고 뜨거워서 싫다고 하면 안 됩니다. 왜냐하면 여름은 당연히 더워야하기 때문입니다. 마땅히 뜨거워야 여름이 되는 것입니다. 여름은 가능한 덥고 뜨거워야 여름이 될 수 있고 그 맛이 나는 것입니다.

만약에 여름이 너무 뜨거워서 사람들이 싫어하고 이 뜨거운 여름을 거부한다면 그것은 잘못된 것입니다. 시원한 여름을 원한다고 그렇게 된다면 그것은 결코 여름이 될 수 없고 여름이 아닌 것입니다. 여름은 뜨겁고 더 뜨거워야 여름의 맛이 나는 법입니다.

하나님께서는 여름을 여름답게 뜨겁게 해 주셨습니다. 참 놀라운 일입니다. 왜냐하면 그렇게 뜨거운 여름이 되어야 곡식이 잘 익게 되는 법입니다. 뜨거울수록 알알이 곡식이 맺어 풍년이 되고 기쁨의 단을 거두는 추수를 하게 되는 것입니다.

뜨거울수록 여름의 과일들이 제대로 맛을 내게 되는 법입니다. 잘 익은 단 맛의 주렁주렁 열리는 열매는 뜨거워야 가능합니다. 절대로 뜨겁지 않으면 여름도 아니고 풍성한 오곡백과의 축복을 얻을 수도 없는 법입니다.

그래서 여름은 뜨거워야 하고 또 뜨겁기에 여름이 되는 것이며 이 뜨거운 여름을 우리는 감사해야 할 것입니다. 우리는 하나님의 이 뜨거운 여름의 축복을 알고 있기에 원망 불평이 아니라 범사에 감사할 수 있으니 정말 감사한 것입니다. 주님의 은혜를 느끼며 지금 이 뜨거운 여름을 지지하며 응원의 박수갈채를 보내고 있는 것입니다. 우리는 그리스도인입니다. 그리스도인은 뜨거워야 합니다. 뜨거운 사람들입니다. 뜨거워서 잘 무르익어야 합니다. 그래서 그 진정한 맛을 낼 수 있는 특징이 있어야 합니다. 금년 여름을 어떻게 계획하고 계십니까? 뜨거움이 싫어서 혹 시원한 곳을 찾고 있지는 않습니까? 물론 좋은 생각입니다. 그러나 여름은 뜨거워야 하기에 이왕이면 그리스도인으로서의 뜨거운 여름을 보낼 수 있으면 더 좋겠습니다. 영적으로 뜨거워질 수 있도록 계획을 세우고 준비를 하면 더 좋겠다는 생각입니다. 그리스도인으로서의 영적인 그 뜨거움의 모든 것들을 찾고 회복하는 뜨거운 여름이 되어야 할 것입니다.

구체적으로 금년 여름에 몇 가지 뜨거워야 할 것이 있습니다. 지금 우리는 뜨거운 믿음의 기도가 필요한 때에 살아가고 있습니다. 그러기에 기도로 뜨거워져야 합니다. 뜨거운 여름에 뜨겁게 기도하며 부르짖는 우리의 간구는 풍성한 응답의 맛을 낼 수 있게 될 것을 알고 있습니다. 또한 뜨거운 찬양으로 뜨거운 여름을 함께 보낼 수 있으면 더 좋겠습니다. 우리 하나님은 찬양 받기를 좋아하십니다. 우리의 뜨거운 찬양을 기뻐 받으시며 우리에게 참 평안과 소망으로 채워주시리라 믿습니다.

그리고 말씀으로 뜨거워져야 합니다. 말씀의 확신을 통하여 마음과 심령이 뜨거워져야 할 것입니다. 우리에게는 그 약속의 말씀 그대로 성취되어질 것입니다. 확실한 말씀을 붙잡고 능력 있는 말씀의 사람이 되어 크고 비밀한 축복의 여름이 될 수 있기를 바랍니다.

무엇보다 빼 놓을 수 없는 것은 이 모든 일들을 이루기 위하여 성령의 강력한 체험으로 뜨거워야 할 것입니다. 성령의 도우심이 있어야 합니다. 오직 성령의 뜨거움으로 더 뜨겁고 그래서 더 풍성한 열매를 맺는 여름이 될 수 있어야 할 것입니다.

2008년 7월 27일

어린이 기도의 시간(꿈너머꿈교회)

찬양축제(꿈너머꿈교회 오후에배)

아~ 대한민국!

무더운 여름의 휴가철임에도 많은 성도들이 주일예배를 드리고 사랑하는 그들과 함께 점심을 나누려고 하는데 청년이 묻는다. '목사님, 박태환 어떻게 됐어요?' '무슨 박태환?' '예, 목사님! 지금 예배 중에 수영시합이 있었거든요.' '오, 그래? 난 몰랐네. 그럼 봐야지!'

그리고는 컴퓨터를 켰다. 와~ 박태환 선수 자유형 400m에서 금메달이었다. 나는 소리쳤다. '박태환 금메달이야!' 함께 있던 성도들도 함성을 질렀다. 그리고 박수를 쳤다.

한국 수영은 지난 44년 동안 올림픽에서 단 한 번도 메달을 따지 못했다. 아시아에서도 1936년 베를린 올림픽에서 일본 선수의 금메달이 고작이었는데 그 후 72년 만에 한국의 박태환 선수가 금메달을 따낸 것이다. 이제 박태환은 자유형 금메달을 획득한 한국과 아시아 전체의 선수가 됐다. 자랑스럽다. 아~ 대한민국을 외쳐본다.

그러나 그에게도 아픔이 있었다. 4년 전 그는 어린 중학생의 최연소 국가대표로 아테네 올림픽에 참가했었다. 예선에서 심판의 스타트 준비 구령이 울렸다. 여기에 풍덩하는 소리로 고요한 수영장을 혼자 갈랐다. 너무 긴장한 나머지 준비구령을 출발 총성으로 착각해서 물속에 먼저 뛰어든 것이었다. 이에 박태환은 부정 출발로 실격처리 돼 가방을 다시 메고 귀국해야만 했었다. 또한 그는 연약했다. 5살의 어린 나이에 천식을 고치려고 엄마가 손을 잡고 수영장을 찾았던 것이 지금 세계 최고의 자리에 우뚝 서게 된 것이다. 실패와 약함은 문제가 되지 않았다. 어떤 난관에서도 좌절하지 않는 대한민국의 힘이 있었던 것이다.

이제는 아예 TV앞에 앉았다. 또 하나의 소식이 나오고 있었다. 한국에 첫 금메달을 선물한 선수였다. 9일에 벌어진 남자 유도 60kg급의 경기에서 최민호 선수가 결승전에 오르기까지 5번의 경기를 놀랍게도 모두 한판승으로 아주 멋지게 승리를 거둔 것이다. 그는 결승전 승리에서 엎드려 기도했다. 그리고 눈물을 흘렸다. 감격과 기쁨, 감사의 눈물이었을 것이다. 시상대에서도 눈물을 보였다. 그가 이렇게 고백한 것을 보았다.

'힘들 때 마다 힘이 돼준 가족에게 특히 새벽4시마다 일어나서 새벽기도를 드리신 어머니에게 감사하다' 며 그 기쁨을 나눴다. 또한 '그동안 어렵게 살아왔는데 어머니 위해서 집 한 칸 장만하고 싶다' 고 하는 효성을 보여 주기도 했다. 한국 여자양궁은 1988년 서울 올림픽부터 20년 동안 6차례 계속 출전했다. 강산이 2번씩이나 변했어도 단 한 번의 실수도 없이 단체전 금메달을 놓치지 않았다. 박성현, 윤옥희, 주현정 선수가 그 주인공이 되어 자랑스러운 대한민국을 만들고 있었다.

하나님이 주시는 그 능력으로 계속해서 "대~한민국!"을 외치며 자랑스럽게 이 땅에서 살아가고 싶은 마음 간절하다.

2008년 8월 17일

계절의 맛

지난여름은 길었습니다. 그리고 제법 뜨겁게 느껴졌습니다. 그렇지만 더 풍성한 열매들로 익어가기에 충분했던 계절이었기에 참 좋은 여름이었습니다. 시원한 수박의 맛도 일품이었고, 내가 좋아하는 노란 참외도 최고였습니다. 특별히 2008 베이징 올림픽이 있는 볼거리의 계절이었기에 더 좋았습니다. 세계 신기록이 46개나 쏟아지는 풍년이었습니다. 올림픽 최다 금메달 8관왕을 차지한 미국의 마이클 펠프스 수영선수, 자메이카의 우사인 볼트 육상선수가 3종목 세계신기록으로 단연 돋보였고 비록 금메달은 아니었지만 우리에게 감동적인 다양한 맛들을 보여주었습니다.

그러나 여기에 더 신나고 멋진 선수들이 있었습니다. 수줍은 소년의 티를 간직한 유도의 한판승 사나이 최민호 선수, 마린보이 박태환 수영선수, 세계를 번쩍 들어 올린 믿음의 소녀 장미란 역도선수, 천상의 콤비 배드민턴의 이용대와 이효정선수, 4체급 출전 전체 금메달로 선사한 태권도 선수들과 젊고 패기 있는 세계제패 무적의 야구선수들, 안쓰러운(?) 아줌마 부대의 여자 핸드볼팀,. 그리고 일일이 다 열거할 수 없는 멋진 선수들이 많이 있었습니다.

사실은 국가 대표팀의 267명 모두가 금메달이었습니다. 그리고 대한민국 국민 모두가 메달 감이었기에 신바람 나는 맛으로 한 계절이 훌쩍 지나가 버린 것입니다.

이제 지금은 청포도가 익어가는 계절이 되었습니다. 나의 마음도 알알이 익어졌으면 좋겠습니다. 새콤하면서도 무언가 음미하며 세련된 맛을 낼 수 있도록 말입니다. 언제나 더 풍성한 온유의 마음과 더 아름다운 용서의 마음으로 그리고 더 넘치는 소망의 꿈으로 가득 찼으면 좋겠습니다.

역시 계절마다 나름대로의 향긋한 맛이 있어서 좋습니다. 뜨거워서 맛이 있고, 제법 시원해서 또 맛이 솟아납니다. 이제 곧 '아휴 추워~' 하게 될 것입니다. 그래도 또 좋습니다. 옷깃을 여미며 겨울을 맞이하고 싶습니다. 거기에는 또 하나님의 계획하심으로 놀라운 일들의 새로운 맛이 기다리고 있기 때문입니다.

이제 또다시 봄의 계절이 올 것입니다. 그리고 변함없이 여름과 가을 그리고 겨울로 이어질 것입니다. 태초부터 영원토록 독특한 계절의 맛을 계속해서 내게 될 것입니다. 참 아름답습니다. 주님의 세계는 저 솔로몬의 옷보다 더 곱고 멋진 맛을 내고 있기 때문입니다. 지금 계절의 맛을 음미하며 나도 아름다운 믿음의 영적 맛을 내고 싶습니다.

2008년 8월 31일

1박 2일 캠프

진짜 행복한 엄마

'내가 빨리 커서 엄마 머리도 예쁘게 따주고, 그리고 밥도 먹여주고 할 거야~ 지금 5살 된 제 딸이 그랬어요, 그래서 나는 너무 기뻐요, 감사해요, 행복해요, 그 애 이름을 찬미라고 지었어요. 평생 하나님을 찬양하는 삶이 되었으면 해서요' 김수미 집사님은 해맑은 목소리로 웃음을 띠며 자랑스럽게 말하고 있었다.

그녀는 지금 그 무엇도 완전히 구분할 수 없는 시각장애를 가지고 있는 엄마였다. 몸도 건강하지 못하다. 태어나면서부터 온갖 질병과 어려운 가정에서 자랐기 때문이다. 또한 엄마의 사랑을 전혀 모르고 성장했다. 그러나 지금 엄마라고 말하고 있는 그 애는 아주 건강하다. 앞 못 보는 엄마를 탓하지도 않고 있다. 좋은 믿음의 부모를 가지고 있다.

이제 엄마가 된 김 집사님은 엄한 유교의 집안에서 교회 문턱도 갈 수 없었지만 친구 따라 학생 때부터 교회를 몰래 갈 수 있었다. 그래서 오직 믿음만이 그녀의 삶에 있어서 전 재산이 되고 있었다.

예배를 드리기 위하여 교회한번 가려고해도 너무 힘이 들었다. 걷거나 택시를 이용하기도 쉽지 않았다. 그녀는 기도했다. '하나

님, 교회 가기가 정말 너무 힘이 드네요, 누구라도 좀 도와줘야 될 것 같아요. 도와주세요.'

마침 차를 가지고 교회를 오는 청년에게 부탁을 했다. "내가 택시비를 드릴 테니 교회 갈 때에 나를 데려다 주세요. 그리고 예배가 끝나면 다시 우리 집에 데려다 주고요" 그 남자 청년은 허락을 해 줬다. 너무 감사했다. 응답해 주시는 좋으신 하나님께 항상 눈물로 감사의 기도를 드렸다.

이렇게 시작된 기도의 응답이 지금도 계속되어지고 있다. 여전히 지금도 그 사람은 내 옆에서 언제나 차를 태워주고 함께 있다. 이제는 다른 곳에 가지 않고 내 옆에서 나를 돕고 나를 붙들어 주고 있다. 그리고 밤에도 나와 함께 잠을 자고 있다. 하나님께서 아주 건강하고 믿음 좋은 신랑을 허락하신 것이다.

또 예쁜 딸을 주신 것이다. 하루는 어린 애를 안고 이리 저리 돌려보았다. 나의 가장 귀하고 예쁜 딸을 보고 싶어서였다. 아무리 불빛 밑에 가 보아도 보이지 않았다. 할 수 없이 눈도 만져보고, 코도 만져보고, 입도 만져 보았다. 그런데 하나님이 이렇게 나에게 말씀을 하고 계셨다.

"너는 하나님을 보아서 믿느냐, 안 보여도 알고 있자나, 그 순간 행복했다" 그녀는 지금도 육신의 눈이 아니라 믿음으로 보이는 하나님이 너무 신비롭고 황홀한 것을 느끼며 살아가고 있다. 행복한 사람이다. 그녀는 행복한 엄마임에 틀림이 없다. 우리 모두 행복한 그 사람이 되고 싶다.

2008년 9월 14일

비석에 물을 붓는 사람들?

추석명절을 보냈다. 민족의 대이동이었으나 금년은 휴일이 짧아서인지 그리 큰 어려움 없이 고향을 찾았던 것 같다. 그래도 제법 여기저기 도로가 막혀 역시 명절다운 기분이 들기에는 충분했다. 이처럼 고향을 찾아 부모님과 어르신들께 인사를 드리는 것은 매우 아름답다. 그러나 하나님을 모르는 사람들은 제사를 지내며 조상들께 차례를 지내기도 한다. 산소에 찾아가서 절을 하기도 한다. 그런데 이러한 재미있는 얘기를 들었다.

지난번 일본문화탐방이라는 타이틀로 지방 목사님들이 일본을 다녀왔다. 거기서 가이드한테 들은 얘기다. 참으로 의미가 있고 신기하기도 했다. 놀랍기도 한 말이었다. 일본사람들도 사람이 죽으면 역시 그곳에 비석을 세우는 것이 다를 바 없었다. 그런데 이와 같은 명절이 되면 그 산소를 찾아가서 비석에 물을 붓는다는 것이다. 이것이 이상했다. 왜인가? 그 이유가 있단다. 혹시 돌아가신 조상이 지옥에 갈수도 있기 때문이란다. 그곳은 너무도 뜨겁고 견딜 수 없는 불이기에 조금이라도 잠시 식혀야 되기 때문인 것이다. 지옥에서 그 뜨거움을 견디지 못할 수도 있기에 비석에 물을 부어서 시원하게 해 드려야 하기 때문이란다. 이처럼 우상의 나라

일본인들도 지옥을 이미 알고 있다는 것이다. 지옥을 믿고 있는 것이다. 그 지옥이 얼마나 뜨겁고 무서운 곳인지도 알고 있는 것이다. 일본인 뿐 아니라 모든 사람들은 사실 죽음 후를 두려워하고 지옥을 생각했을 것이다.

그런데 중요한 것은 이미 죽은 후에 아무리 바가지로 물을 붓고, 양동이채로 물을 쏟아 붓는다 할지라도 그 지옥 불을 끌 수는 없는 것이다. 그 누구도, 그 어떠한 힘으로도 불가능 한 것이다. 그 불은 영원한 것이며 그 불은 잠시도 쉼 없이 계속되는 것이다.

지 옥에 일단 가면 어쩔 수 없는 것이다. 다시 나올 수도 없고 조금이라도 물을 부어 식힐 수도 없다. 한번 그 불속에 들어가면 그 어떤 방법도 없다. 아예 처음부터 절대로 그곳에 가지 말아야 한다. 이것을 모르고 있는 것이 안타까운 일이다.

죽은 후에 지옥에 가 있는 조상에게 비석을 세우고 아무 소용이 없는 물을 부을 것이 아니라, 살아있는 동안이 중요하다. 그 지옥의 불속에 들어가지 않는 유일한 방법은 예수 그리스도의 대속의 십자가뿐임을 알고 살아있을 때에 믿음을 가져야 한다.

그래서 온갖 우상의 나라인 이웃 일본의 선교가 필요하다. 무지한 그들이 복음을 들을 수 있도록 해야 한다. 비석에 물을 붓는 그들에게 성부 성자 성령의 이름으로 그들 머리위에 물을 부어 세례를 받게 해야 할 것이다. 그럼으로 하나님 아버지의 자녀 되는 놀라운 구원의 은혜가 그곳에도 있기를 간절히 바란다. 열방을 향하여 복음의 열정과 꿈과 비전을 주시니 감사하다.

2008년 9월 28일

충격!

오늘따라 새벽기도회를 마치고 이른 아침 컴퓨터에 앉았다. 왜냐하면 지난 25일 감리교 감독회장과 연회감독의 지도자를 뽑는 선거가 있었고, 감독회장에 대한 엄청난 후유증이 심각한 상황이었기에 감리교 본부의 홈피에서 여러 가지 정보를 얻을 수 있었기 때문이었다. 나름대로의 여러 글들을 보면서 이해도 되지만 또 도저히 용납할 수 없는 표현과 내용으로 어떻게 이럴 수가 있을까 하는 안타까움으로 나의 마음이 아팠고 충격을 받고 있었다.

오늘은 또 그 이상의 엄청난 사건이 인터넷 뉴스를 통해 나에게 큰 충격이 되었다. '아니 정말인가? 이럴 수가?' 어머니와 두 자녀가 안방에서 잠든 사이에 톱 탤런트 최진실이 욕실에서 목을 매 자살한 것이다.

놀랍고 충격적인 뉴스를 접하였기에 아직 잠을 자고 있는 딸에게 소리를 질렀다. "소임아, 최진실이 죽었대~ 자살이래~" 잠결에 듣고 있던 딸이 갑자기 벌떡 일어나며 "뭐라고요? 아니, 우째..~" 하면서 정신이 바짝 나는 모양이다. "사람들이 죽였어. 어떻게 그럴 수가 있어? 그렇게 악성 댓글을 올리고 비난하고 헐뜯더니 정말 사람들은 왜 그러는 거야?" 하면서 어쩔 줄을 몰라 한다. '모든 어려움을 이기더니, 이혼의 그 아픔도 이겨냈는데..' 혀를 차며 안타까워한다. 이른 아침에 딸과 함께 우리 둘은 충격에 그 무슨 말을 잇기도 어려웠다.

사랑하는 7살과 5살의 어린 두 자녀를 그냥 두고 또 온갖 가난을 극복하며 어렵게 살아온 어머니를 그대로 남겨 두고 그는 죽음을 택하였던 것이다. 정말 충격 그 자체였다. 요즘에는 이런 엄청난 충격적인 사건들이 제법 많다.

더 놀라운 것은 오히려 자살하고 죽어간 그들을 부러워하는 사람들도 있기에 또 충격인 것이다. 그러나 사실 이보다 더 진한 인간적인 모독과 인격적인 모멸감의 진짜 충격적인 사건이 있었다. 그 정도의 사람들의 비난과 손가락질 정도가 아니었다. 말에 의한 비난과 욕설은 물론 침 뱉음까지 있었고, 몸에 흉악한 채찍을 맞으며 온 마음과 육신의 고통은 이루 말할 수 없었다. 그러나 그는 자살하지 않았다.

그는 사람들의 온갖 비난과 조롱으로 견딜 수 없는 모욕 속에서도 차라리 입을 열지 않았다. 침묵했을 뿐이다. 그리고 주어진 그 길을 당당하게 걸어갔다. 비록 말로 다할 수 없는 아픔과 쓰라림의 비참하고 처참함의 모습이었지만 주어진 자기의 그 길을 포기하지 않았다. 그가 가야할 목적을 향하여 끝까지 나아갔다. 마지막 그 결과는 정말 충격 그 이상이었다. 이김이었고 완벽한 승리였다. 하늘위에 있는 자나 땅위에 있는 자나 땅 아래 있는 모든 자들이 다 그의 발 앞에 무릎을 꿇게 된 것이다. 그가 바로 예수였다.

그렇다. 우리도 이 시대에 예수와 함께 십자가를 진 자들이다. 온갖 비난과 오해와 조롱의 소리가 나에게도 끊이지 않고 들려올 수 있다. 그러나 문제는 안 된다. 고민도 염려도 할 이유가 없다.

더더군다나 자살할 이유도 전혀 없다.

십자가의 승리가 있기 때문이다. 십자가면 충분하다. 사명자로서 우리는 그 길을 오늘도 두려워하지 않고 힘차게 걸어가고 있다.

2008년 10월 12일

아프리카 우간다 순교지

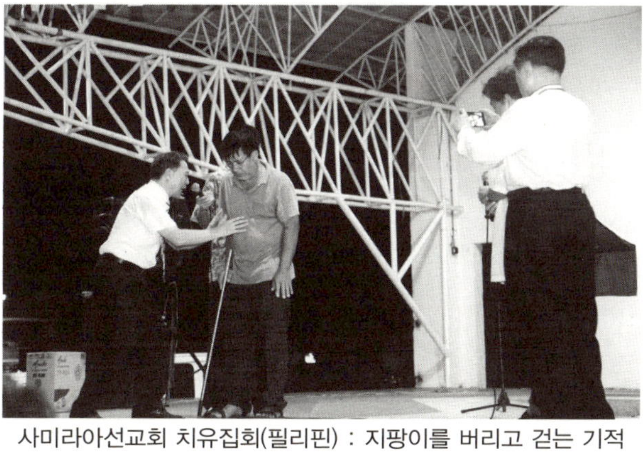
사미라아선교회 치유집회(필리핀) : 지팡이를 버리고 걷는 기적

우울증 환자의 3無

요즈음에 왜 그리 자살을 하며 죽는 사람들이 많은지 모르겠다. 툭하면 자살했다는 소식이 연일 끊이지 않고 있다. 매우 안타까운 현실이다. 오늘날 자살이 우리 사회에 심각한 문제로 급부상하고 있다.

대부분 자살하는 사람들에게 평소에 우울증이 있었다고 주변에서 말을 한다. 우울증세가 있어서 약을 복용했다고 한다. 우울증 환자였다는 것이다. 그럴 수 있다고 생각한다. 우울증은 결국에는 자살에 이르게까지 하기 때문이다. 그래서 무서운 것이 우울증이다. 자살을 해서 우울증 환자인가? 아니면 우울증 환자이기에 자살을 선택한 것인가? 다 맞다. 자살과 우울증은 상관관계가 분명히 있다.

자살을 가져오는 우울증의 그들에게는 특징이 있다. 우울증 환자에게 적어도 이 3가지가 없는 것이 특징이다. 이러한 것들이 점점 없어지게 되면 우울증으로 가고 있는 것이다. 이러한 현상이 나타나게 되면 위험하다. 빨리 발견해야 한다. 그래서 자살에까지 이르지 않고 예방할 수 있어야 한다. 무엇인가?

우울증 환자가 되면 관심이 없어지게 된다. 매사가 무관심으로 일관한다. 모든 일에 점점 관심이 없어지는 것이다. 그냥 관심 없이 지낸다. 그렇게 열심히 일하던 것도 관심이 없어지고, 그 좋던 돈에도 관심이 없어지고, 쾌락에도 관심이 없게 된다. 예전과 다르게 사람들은 물론 부부관계의 성에도 관심이 멀어지고, 맛있는 음식을 먹는 일에도 별 관심이 쏠리지 않는다. 또 우울증 증세가 나타나면 매사에 가치가 없다고 느끼며 살아가게 된다. 돈을 벌 가치가 없다고 판단한다. 그래서 직장을 갑자기 포기하고 사표를 내기도 한다. 자기가 소중히 아끼던 그 일에 가치를 잃어버린다. 공부할 가치가 없다고 생각된다. 그래서 학교도 그만두고 차라리 검정고시를 준비하겠다고 학교 가기를 꺼려하기도 하는 것이다.

결국에는 내가 살아가야 할 가치가 없다고 생각한다. 그렇기에 나의 존재가치는 별의미가 없고, 삶에 흥미를 잃어가게 되는 것이다. 살아야 할 아무런 가치와 의미를 갖지 못한다. 매사가 무가치하게 느껴진다. 그 결과 자살이라는 극단적인 것을 선택하기도 하는 것이다.

마지막 또 하나 그들에게 없는 것이 있다. 무기력이다. 힘이 없다. 피곤해지고 또 나른해지기도 한다. 그래서인지 나태해지고 게을러지며 의욕이 사라진다. 열정이 없어지고 상실감을 느끼게 하는 것이다.

그렇지만 우리에게는 이 3가지가 분명히 있다. 그렇기 때문에 문제가 되지 않는다. 하나님이 약속하신 말씀이 있기에 든든하다. 얼마든지 살아야 할 가치가 내게도 있다. 내 삶에 관심이 있고 재미가 있다. 힘이 나는 것이다.

'내가 너를 지명하여 불렀다. 너는 내 것이다. 내가 보배롭고 존귀한 자로 너를 택하였다. 너를 사랑한다. 너를 돕겠다. 나의 의로운 오른 손으로 붙들어 주겠다.' 이처럼 주님은 계속하여 우리를 향하여 말씀하셨고 지금도 그 언약은 유효하다. 너무 감사한 일이다. 주님이 계시기에 오늘도 멀고 험한 인생의 길을 기쁨과 감사함으로 걸어갈 수 있다. 힘차게 더 멀리, 더 높이, 더 멋지게, 두 날개를 펼쳐 날아오르자.

2008년 10월 26일

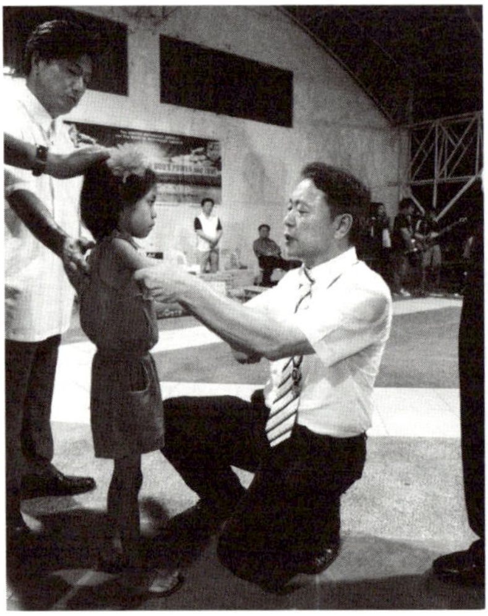

심장병 어린이 치유(필리핀)

중국 신학교 강의 후 개인축복기도

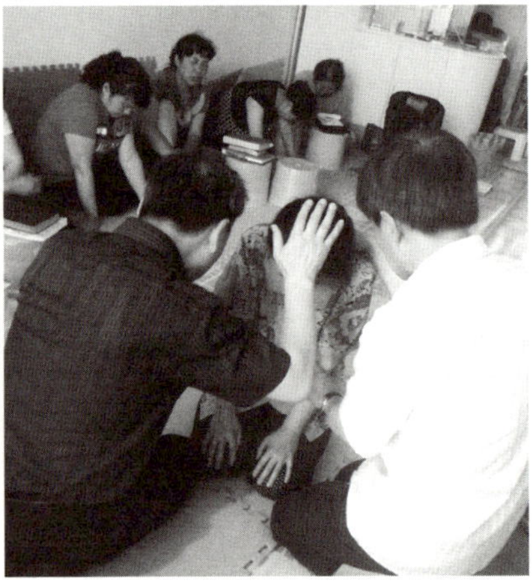

세계성령사역자 국제대회를 마치고 (며느리의 아름다운 섬김)

"I have a dream"

1963년 8월 28일 미국에서는 인종차별에 반대하는 시위가 곳곳에서 일어났다. 수많은 인파가 워싱턴 DC 국회의사당 앞 광장을 가득 메웠고, 그때 34세의 젊은 흑인 한 명이 링컨 기념관 계단에 서서 이렇게 말했다.

"나에겐 꿈이 있습니다. 네 명의 내 자식들이 피부색이 아닌 그들의 품성에 의해 평가받는 나라에서 살게 되는 것입니다. 자유의 종소리가 모든 마을, 모든 도시, 모든 주에서 울리게 된다면 우리는 신의 자손으로서 흑인이든 백인이든 유대인이든 아니든 개신교이든 가톨릭이든 간에 모두 손에 손잡고 옛 흑인 영가를 함께 부르는 날을 향해 나아갈 수 있을 것입니다."

20만 명의 청중 앞에서 마틴 루터 킹 목사가 흑과 백이 평등하게 공존하는 꿈을 외쳤던 것이다. 이것이 바로 에이브러햄 링컨의 게티스버그 연설과 함께 미국사에서 가장 중요한 위치를 차지하는 'I have a dream'의 연설인 것이다.

그로부터 정확히 45년이 지난 2008년 8월 28일에 또 한명의 흑인이 꿈을 이야기 했다. 콜로라도 덴버에서 열린 민주당 전당대회 후보 수락연설을 통해 "케냐와 캔자스 출신의 저의 부모는 유복하거나 유명하진 않았지만 그들의 아들이 자라서 무엇이든 이룰 수 있다는 꿈을 갖고 살았습니다. 흑인의 미국도 백인의 미국도 라틴계의 미국도 아시아계의 미국도 없습니다. 오직 미합중국만이 있을 뿐입니다"

마침내 그의 꿈은 이루어졌다. 미국이 독립전쟁을 통한 1776년 건국 이래 232년 만에, 남북전쟁을 통한 노예해방 후 143년 만에 미국의 제44대 대통령으로 흑인 버락 오바마(47)가 당선된 것이다.

공화당 후보였던 존 매케인은 애리조나주 피닉스에 모인 지지자들 앞에서 패배를 인정하며 "버락 오바마 상원의원이 자신과 이 나라를 위해 큰일을 해냈고, 흑인 대통령을 선출한 미국인들은 위대한 국민이다. 오바마는 나의 대통령"이라고 말했다.

오바마의 눈은 변화를 말하고 있었으며 그는 꿈을 가지고 있었다. 미국의 첫 흑인 대통령 당선으로 전 세계 지도자들도 '초강대국 미국에 새로운 변화의 바람이 일 것'이라고 반응을 보였다. 남아프리카공화국의 넬슨 만델라는 '더 나은 세상을 위해 변화의 희망을 꿈꿀 수 있다는 것을 증명한다.' 한국의 이명박 대통령도 '새로운 변화와 희망에 대한 미 국민들의 바람'이라고 했으며, 케빈 러드 호주 총리는 흑인 민권운동가 마틴 루터 킹의 연설 '나는 꿈이 있습니다(I have a dream)'를 언급하면서 '미국은 꿈을 현실로 이뤄냈다'고 말했다. 이제는 우리도 마틴 루터 킹과 오바마처럼 꿈을 말해야 할 것이다. 그리고 요셉처럼 꿈꾸는 자가 되어야 할 것이다. 아집의 한계를 극복하고 우물 안 개구리를 빨리 벗어나야 한다.

이제 진정한 꿈을 가지고 우리도 외쳐보자. '새로운 변화와 희망' '변화와 화합' '변화와 진보' '변화와 조화'의 시대에, 변화하는 미래를 향하여 '나는 꿈이 있다.' 'I have a dream.' 민족과 세계를 향한 무한한 가능성의 꿈을 열방에게 선포하며 보여주자.

2008년 11월 16일

아동부 여름성경학교

축복의 결혼(김하은 이모, 꿈너머꿈교회에서)

교사 찬양, 교육

충성! 명 받았습니다

"충성! 신고합니다. 이병 최광림은 2008년 11월 22일부터 동년 동월 26일까지 정기휴가를 명 받았습니다. 이에 신고합니다. 충성!" 지난 무더운 여름철 군에 입대했다가 첫 휴가를 나온 청년에게 주일에 교인들 앞에서 신고를 하게했다. 멋있었다. 자랑스러웠다. 늠름했다. 군기가 들어 있었다.

오늘따라 그동안 군에 갔던 또 다른 우리 청년들이 한 명 빼고는 다 함께 주일예배에 참석했다. 기뻤다. 반가웠다. 재미있게도 땅과 바다와 하늘을 주름잡는 육해공군 골고루 다 있었다. 또 이등병의 졸병부터 장교까지 다 있었다. 그들에게 군가를 부르게 했다. "반동은 좌에서 우로, 군가시작 하나 둘 셋" 온 교우들은 환영의 박수갈채를 보냈고, 담임목사인 나도 사랑의 마음을 전하며 안수의 축복기도를 했다. 그런데 그들을 보면서 몇 가지 재미있는 현상을 볼 수 있었다.

첫째는 복장에 따라 달랐다. 군복을 입은 친구는 역시 군기가 있었다. 거수경례도 힘이 있었다. 복창소리고 우렁찼다. 모든 것이 더 멋있어 보였다. 그런데 사복을 입은 친구는 덜 멋있고, 솔직히 군기도 없고, 군인 같지 않았다.

복장이 중요한 것을 발견할 수 있었다. 역시 군인은 군복을 입어야 했다. 마치 법관은 법의를 입어야 하고, 의사는 가운을 입어야 하듯, 마찬가지로 그리스도인은 예수 생명의 옷을 입어야 하는 것을 배울 수 있었다. 과연 우리는 이 땅에 살면서 그리스도인으로서의 복장을 제대로 갖추어 입고 있는지 옷깃을 다시 한 번 가다듬어야 할 것이다.

또 한 가지 좀 다른 것이 있었다. 군 복무기간이 길고, 고참 일수록 어슬렁거리는 적당한 표정이었다. 그러나 생출내기는 군기가 팍 들어있는 것을 볼 수 있었다. 사실 오래 될수록 더 군인이 되어 있어야 하는데 현실은 그렇지 않았다. 계급이 높아질수록 군가를 부르는 폼도, 서 있는 폼도, 모든 표정들이 덜 군인다웠다. 더 많이 군 생활했다고 반드시 그만큼 더 군인다운 모습이 아닌 것을 느낄 수 있었다.

우리 믿음의 사람도 그럴 수 있다고 생각됐다. 믿음생활을 오래 하면 그만큼 더 그리스도인다워야 할 텐데 오히려 초신자 보다도 못할 때가 많은 것을 느끼게 된다. 사실 그것은 아니다. 안 된다. 더 잘해야 되는 것이다. 오랫동안 신앙생활 하여서 더 좋아지기는 커녕 더 망가지면 절대로 안 된다. 정신 차려야 할 것이다. 또 하나 있다. 그곳에 모인 사람들의 분위기와 표정들이었다. 군에 보낸 부모님들은 눈시울이 뜨거울 정도의 감동 그 자체였다. 그리고 함께 있는 교인들은 그냥 단순히 좋았고 재미있어 보였다. 그렇지만 함께 있는 우리 모두는 선후배가 되고 한 가족이 되어 격려의 마음을 주고받으며, 웃고, 박수치면서 서로가 사랑을 느낄 수 있었다.

군에 보낸 자와 후방에서 편안하게 신앙생활하고 있는 우리들의 관계에서 서로가 신뢰할 수 있었으며 마음 든든함을 느낄 수 있었다. 나라를 지키며 국방의 의무를 잘 감당하고 있는 자랑스러운 젊은이들이 있기에 우리는 감사했다. 그들이 있기에 어제도 귀한 자유의 포근함을 만끽했고, 오늘도 편한 밤을 지내고 아름다운 새날들을 주님과 함께 살아갈 수 있기에 다시 한 번 감사를 드린다.

2008년 11월 30일

아프리카연합성회 리버티교회 목사께 선교헌금 전달

미션어워드 수상기념 만리장성(북경)

12월의 당회

12월이 되면 교회는 더 바쁘게 움직이게 된다. 한 해를 마무리하고 또 새해를 준비해야 하기 때문이다. 그래서 마지막 달인 12월에 당회를 열어서 모든 부서와 기관, 개인마다 보고를 하며 또 새해의 새로운 일꾼들을 선출하게 된다. 우리교회에도 어제 2008년도 정기당회를 개최하였다. 많은 당 회원들이 점심도 굶은 채 늦은 시간까지 믿음의 수고를 아끼지 않았다. 허기진 배에 미안한 마음도 들었지만 모두가 진지했기에 그것도 감사했다. 언제나 시작이 있으면 끝이 있는 법인데, 역시 새해가 시작되어서 어김없이 마지막이 왔고, 교회에서 믿음생활의 평가를 받는 것처럼, 주님 앞에서의 심판도 있는 것이다.

한 생애를 열심히 살아가고 있지만 마지막 주님 앞에 섰을 때의 모습을 떠오르게 했다. '착하고 충성된 종아' 칭찬과 면류관의 상급과 '나는 너를 모른다'의 불쌍한 모습에서 어떤 평가의 결과가 주님 앞에서 내려질지를 다시 한 번 점검하는 시간이 되었다.

당회 중에 특별히 인상 깊고 오래도록 기억하고 싶은 자랑할 만한 일이 있었다. 우리교회는 40년 가까이 되는 역사와 전통이 있는 교회이다. 그러기에 좋은 것도 많이 있지만 또 그렇지 못한 면도 솔직히 없지 않다. 그런데 우리 교회 역사상 처음 있는 일이 벌어졌다. 수석 장로 되시는 이 장로님께서 강단 앞으로 나오셨다. 당 회원 앞에 서시더니 아주 심각하게 말씀하시는 것이었다. '우리 장로들은 담임목사님을 잘 돕고 협력하는 것이 제일 우선입니다. 그리고 여러분들을 잘 섬기며 교회부흥과 발전에 앞장서야 합니다. 그런데 금년 한해를 뒤 돌아볼 때에 그렇지 못한 부끄러운 모습들이 많이 있었습니다. 그래서 오늘 이 정기당회에서 여러분들 앞에 심판을 받겠습니다.' 나를 비롯하여 우리교회 모든 장로들이 하나님 앞과 당회원 앞에서 평가를 받아 다시 한 번 기회를 준다면 이제는 하나님이 보내주신 귀하고 능력 있으신 목사님을 잘 받들 수 있도록 하겠다는 다짐과 고백의 결단이었던 것이다.

우리 모든 당 회원들이 숙연해졌다. 교회 어르신으로서 섬김과 겸손의 모습에 모두는 은혜가 되었고 눈시울을 적시기도 했다. 잠시나마 신앙생활뿐 아니라 인생전체를 되돌아보게 하는 순간이 되기도 했다.

사실 오래된 전통이 있는 교회일수록 자기 고집과 아집이 있을 수 있다. 그래서 다툼과 자기 권력(?)의 아귀다툼이 있는 한국교회를 볼 수 있는 것이 현실인데, 장로님의 말씀 한 마디에 우리 모두는 더 많은 겸손과 진정한 섬김의 모습을 배울 수 있게 되었다.

역시 한 사람은 중요한 것이다. 한 사람 예수 그리스도로 모든 죄인이 의인 되었듯이, 장로님 한분의 그 진실 된 모습에 목사인 저도 감동이 되었고, 교인 모두가 더욱 예수 닮은 그리스도인의 모습으로 바뀌는 분위기였다. 말 그대로 은혜위에 은혜였다.

앞으로 기대가 되어 진다. 이러한 훌륭한 장로님이 계시기에 더욱 새롭게, 더욱 영적인 모습으로 거듭나서 시대적 사명자로서의 역할을 꿈꾸게 된다. 지금 또 한 사람에게 소리가 계속 들린다. 어두워진 세상 속에서 참 빛을 밝히고 싶은 마음이 간절한 이때에 우리를 부르고 있는 것이다. 주님 손에 붙잡혀 쓰임 받을 모습을 발견하면서 하나님께 감사와 영광을 돌린다.

2008년 12월 14일

중국 옥류관 종업원(북한 식당 써빙)

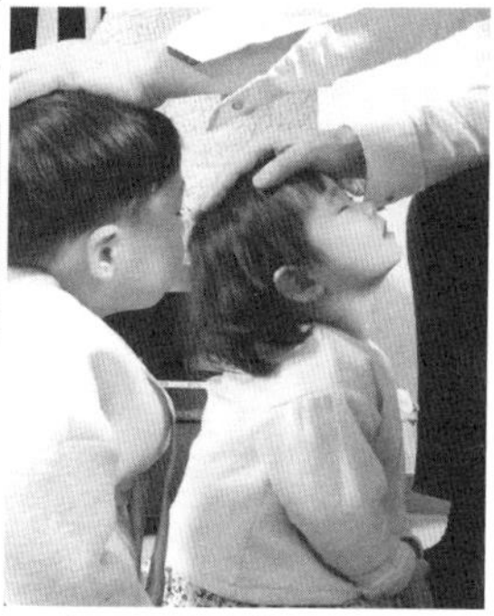

손주들에게 축복의 기도

손주들의 찬양

옥류관 내부(북한식당)

진정한 성탄, 메리 크리스마스!

성탄시즌이다. 그러나 종소리가 들리지 않고, 흰 눈, 썰매도 보이지 않는다. 그렇다고 고요하거나 거룩한 밤의 모습도 아닌 것 같다. 화려하지도 않다. 휘황찬란한 분위기도 잘 안 보인다. 해마다 우리교회 앞에 이마트의 그 멋진 성탄의 장식도 사라졌다. 성탄의 분위기가 느껴지지 않아 아쉽기도 하지만 이것이 오늘의 현실이며 현대판 크리스마스의 모습인 것 같다.

예수 탄생은 이 땅을 구원하시기 위함인데 사실 지나치게 상업적으로 분위기가 바뀌어가서 걱정을 했는데, 올해는 그런 모습도 많이 없어졌다. 그만큼 경제가 어려워서인지 아니면 성탄의 의미가 제대로 전달되어서 성숙한 모습인지 아무튼 그렇다.

그러나 가장 중요한 것이 있다. 아무리 요란하고 찬란해도 예수 탄생이 내 안에 이루어지지 않으면 아무 소용이 없다. 그렇다고 또 아무리 조용해도 예수 생명이 내 안에 없으면 더 큰일이다. 지금은 정말 예수 탄생이 꼭 필요한 때에 우리가 살고 있는 것이다.

사람들의 심령 속에 그리고 이 땅위에 모든 곳마다 예수 탄생의 생명이 있어야 한다. 그래야 진정한 용서와 사랑이 있게 되며 화해와 평화가 이루어지게 되기 때문이다. 아무리 돈이 많아도 아무리 잘 생긴 사람들이 많아도 예수 탄생 없는 세상은 너무 힘들고 삭막할 뿐인 것을 우리는 지금 체험하고 있다.

이미 우리 하나님은 이러한 세상을 아시고 2000년 전에 작은 베들레헴 마구간에서 그리고 작은 계집종을 통하여 예수 탄생을 계획하셨고 완벽하게 이루신 것이다. 임마누엘로 오시어서 지금도 우리와 함께 계시며 그 어디나 하늘나라가 되기를 원하신다. 그래서 예수 없는 한숨과 고통의 신음에서 임마누엘의 예수 생명으로 살아가기를 원하고 계신 것이다. 온전한 구원의 역사를 이루기를 원하시는 것이다. 그러나 아직도 알지 못하고 깨닫지 못하여서 예수 없이 힘들게 살아가는 사람들이 한둘이 아니다. 주님과 함께하지 못하는 예수 없는 자기 생각과 고집은 지치고 힘들뿐이다. 행복할 수 없다. 불평과 억울할 수밖에 없다. 그러면 안 된다.

시편 107:10~11에 "사람이 흑암과 사망의 그늘에 앉으며 곤고와 쇠사슬에 매임은 하나님의 말씀을 거역하며 지존자의 뜻을 멸시함이라"고 했다. 그렇다. 힘든 이유가 있는 것이다. 그래서 우리 하나님은 어떻게 하셨는가? 20절을 계속 보면 "저가 그 말씀을 보내어 저희를 고치사 위경에서 건지시는도다"라고 했다. 이처럼 이 모든 문제를 해결하기 위하여 그 말씀을 보내신 것이다. 이 말씀이 바로 예수이다. 태초에 말씀이 계셨고 이 말씀이 육신이 되어 오신 성육신의 사건이 성탄인 것이다.

이제 이 성탄의 예수가 내 안에, 우리의 삶의 현장에 태어나야 한다. 그래야 된다. 성탄 트리도 중요하고, 성탄 캐럴도 중요하다. 주고받는 성탄 선물도 좋다. 그러나 더 중요한 것은 내 안에, 이 땅위에 예수 탄생이 이루어져야 한다. 그래야 산다. 생명이 있다. 치료된다. 해결된다. 행복해질 수 있다. 축복의 삶이 될 수 있다.

지금의 이 어려운 현실에서 하루속히 다시 한 번 예수 탄생의 임마누엘이 우리들의 삶의 현장 속에 이루어질 수 있기를 기도한다.

2008년 12월 28일

리버티교회 예배전 찬양

아프리카연합성회 리버티교회 찬양팀

겨울은 추워야 좋다

모처럼 겨울 같은 날씨다. 제법 찬바람이 뺨을 적시며 살을 에는 듯한 느낌을 준다. 한강물까지 꽁꽁 얼어 전국적으로 영하권의 따가운 기온이다. 내가 살고 있는 우리 동네 안양천도 얼어붙었다. 그곳에서 아이들이 썰매를 타고 노는 모습을 보았다. 추운 날씨의 겨울에만 볼 수 있는 광경이라 정겹게 느껴져서 좋았다.

옛날 어렸을 때 생각이 난다. 그때는 정말 추웠다. 살이 얼어 시퍼렇게 변할 정도였다. 내복도 제대로 없었다. 누덕누덕 기어져 있는 형아와 누나가 입다가 다 떨어진 빨간 내복 그리고 벙어리장갑과 귀마개가 고작이었다. 그것도 감지덕지였다. 말 그대로 펑크 난 양말도 없어서 못 입고 못 신었다.

그 추운 겨울날 논에 나가 얼음판위에서 팽이치기를 하며 철사로 만든 썰매를 타기도 했다. 그러다가 메기를 잡기도 했다. 그때는 물에 빠지는 것을 메기 잡았다고 말했다. 잘도 빠져 메기를 아주 많이 잡기도 했다. 메기를 잡으면 논두렁에 불을 피워 놓고 옷을 말리고 집에 들어가서는 혼나기가 일수였다.

강원도 시골에서 자란 나이기에 지금 와서 보니 이런저런 일들의 모든 것이 다 아름다운 추억이 되고 있는 것이다. 10리 길을 걸어서 학교를 가려면 반드시 청골고개라는 곳을 넘어야만 했다. 그

옆에는 도살장도 있었다. 무서운 곳이었다.

그런데 거기는 정말 바람이 무척이나 세다. 그래서 그곳을 지날 때는 얼굴을 앞에 대고 정면으로 못 가고 뒤로 걸어가면서 조금이라도 바람을 피하려 했다. 너무너무 추운 곳이었다. 언제나 그곳을 피하고 싶었다. 그렇지만 절대로 그럴 수가 없었다. 꼭 그곳을 지나야만 학교에도 가고 시장에도 갈 수 있었다. 귀가 떨어져 나가는 것 같았고, 맨살을 시퍼렇게 얼게 하는 엄청난 추위의 그곳이었다. 사실 거기에 비하면 지금의 추위는 아무것도 아니다. 그래서인지 지금의 이 차가운 바람은 오히려 내 두 뺨을 스치는 시원한 바람이 되고 있는 것이다. '아~ 시원하다' 하면서 옛날 생각이 떠오르며 상쾌한 마음으로 감사하게 느껴진다.

그렇다. 차가워서 좋고 제법 추운 겨울이라서 정말 좋은 것이다. 겨울은 겨울 맛이 나야 하고 여름은 여름 맛이 나야 한다. 그런데 어떻게 된 것이 계절의 맛도 사라지고 그 특징이 없어지는 것 같아 아쉽다. 날씨만이라도 그 본연의 특유한 맛을 잃지 않았으면 좋겠다.

오늘날 사람들이 사람으로서의 그 맛을 이미 잃었으며 또 그리스도인 역시 그 진정한 맛을 잃어가는 것 같아 무척이나 아쉬운 것이다. 짐승은 짐승다워야 하지만, 사람이 짐승 같으면 안된다. 그런데 사람으로서의 이성과 인격을 상실하고 본능과 쾌락, 자기욕심을 좇아가는 사람들을 보게 되는 현실이 가슴 아프다. 사람으로서의 판단력도 없고, 안 된다.

'바람아, 더 쌔게 불어라. 날씨야, 더 영하로 내려가라. 하늘에서 흰 눈아, 펑펑 쏟아져라. 꽁꽁 얼어붙어라' 이렇게 더 추워야 한다. 그래야 겨울이다. 지금의 계절은 봄도 아니고 가을도 아니고 분명히 겨울이기 때문이다. 이렇게 추워야만 겨울이 되고 그래서 참 겨울의 맛을 느낄 수 있게 되는 것이다.

2009년 1월 18일

기축년의 소망

고향을 찾으며 예쁜 고까옷과 풍성한 선물을 나누고 세배를 하면서 지난 1월 26일의 설 명절을 보냈다. 희망찬 기축년의 새해가 밝은 것이다. 이미 시간이 지나서인지 조금은 어색도 하지만 다시 한번 새해에 복 많이 받으시라고 모든 분들께 인사를 드리고 싶다.

우리 모두에게 주어진 또 새로운 기축년의 새해를 맞이해서 다음과 같은 3가지가 이루어지는 해가 될 수 있기를 소망해본다.

첫째로 기도로 축복받은 기축년이 되었으면 좋겠다.

기도의 힘과 능력은 놀랍다. 그러기에 철저하게 무릎꿇고 기도를 통하여 응답되고 얻어지며 누리게 되는 축복을 받아야 될 것이다. 기도 없는 복은 잘못하면 저주가 될 수 있다. 사실 불안하고 위험한 것이다. 그러나 기도하면 그렇지 않다. 비록 지금은 어렵고 문제가 있는 것 같지만 그것은 놀라운 간증의 축복으로 결국에는 승리할 수 있게 되는 것이 바로 기도에서 나오는 것이다. 기도로 얻어지는 축복이야말로 완벽한 것이다. 그러기에 매사에 기도 없이는 안된다.

기축년의 금년에는 그 어느 때 보다도 더욱 많은 기도를 해야 한다. 많은 믿음의 사람들은 그렇게 느끼고 있다. 이제 2009년의 기축년에 기도로 축복을 체험할 수 있는 은혜가 우리 모두에게 있기를 소망한다.

둘째로 기뻐하며 많은 일들로 축하할 수 있는 기축년의 해가 될 수 있으면 좋겠다.

학생들은 성적이 오르고 좋은 학교에 합격을 해서 축하를 받아야 한다. 결혼을 앞둔 많은 젊은 남녀들은 좋은 배우자를 만나서 결혼을 하고 아름다운 가정을 이루어서 축하를 받아야 한다. 결혼 후 5년, 10년이 지나도 아직 자녀가 없는 가정에는 새 생명을 얻어서 기쁨이 되고 축하를 받아야 한다. 직장을 잃은 사람에게는 더 좋은 직장을 얻어서 축하를 받을 수 있기를 바란다. 연약하고 병든자에게는 건강을 회복하고 치료가 되어 강건한 사람이 되어서 축하를 받을 수 있었으면 정말 좋겠다.

사촌이 땅을 사면 배가 아프다는 말이 있는데 그러한 이기적이고 솔직하지 못한 사회풍토가 사라지고 이제는 바뀌어야 한다. 진정한 모습으로 함께 기뻐할 수 있어야 한다. 나의 일 처럼 정말 기쁨으로 축하를 하고 또 축하를 받을 수 있는 신실한 모습을 기대하며 또 그렇게 만들어가는 기축년의 해가 되었으면 소망한다.

마지막 세 번째는 기적으로 축포를 터뜨리는 기축년이 될 수 있으면 좋겠다.

내가 하면 뻔하다. 그러나 주님이 하시면 놀랍다. 기적이 나타난다. 그럼으로 주님이 행하시는 크고 놀라운 일들의 기적으로 우리는 감격해하며 축포를 터뜨리는 기축년을 소망하는 것이다.

이것이 복음이다. 내가하면 교만할 수 있고 자랑이 될 수 있다. 그리고 혹 잘못하면 실망하고 지칠 수도 있는 것이다. 그리고 그

한계가 있다. 그것은 뻔하다.

그러나 주님이 하시면 피곤함도 없고 교만함도 없고 주님께만 영광을 돌리게 된다. 그리고 완벽하다. 능력의 한계가 없고 무한하다. 이것이 바로 복음의 힘이요 역사인 것이다. 이러한 복음적 삶을 통하여 기적을 보며 체험하고 느끼며 마음껏 축포를 터뜨릴 수 있는 멋진 기축년의 해가 될 것을 소망해 본다.

2009년 2월 8일

연세대학교 연합신학대학원장으로부터 수상 모습

장례문화 정책발표(기독교 대표)

차라리 사람보다는 동물이 되어야 하나?

사람과 동물은 똑같이 살아 움직이고 있지만 많은 차이점이 있다. 서로 다르고 구별할 수 있는 것은 그 나름대로의 목적과 계획을 보면 알 수 있다. 동물은 모든 목적이 단순하다. 간단하다. 살아가면서 그 엄청난 목적이나 계획이 없다. 큰 집에서 살고 싶거나 돈을 많이 벌고 싶은 목적도 없다. 오래 살고 싶은 목적도 없다. 그래서 그냥 산다. 그에 따른 지나친 계획을 세우는 것이 아니다.

그러나 사람은 다르다. 나름대로의 목적이 있기에 하고픈 것도 많고, 욕심도 있게 마련이다. 사람에게 있는 목적은 매우 다양하다. 성격에 따라 다르고 성장과정에 따라 다르다. 직업에 따라 또 그 위치에 따라 다를 수 있다. 그 사람의 생각과 가치관에 따라 다른 것이다. 그래서 그 목적을 달성하기 위하여 계획을 세우고 노력하며 도전하는 것이다.

그런데 요즈음 신경이 쓰인다. 사람들이 가지고 있는 목적들이 왠지 염려가 되고 걱정이 되는 것이다. 괜스런 우(遇)가 될지 모르겠지만 더 심해지는 것 같아 기도가 된다. 모든 사람들에게 유익이 되며 나에게도 보람과 긍지, 감사가 되는 긍정적이고 건설적이며 창조적인 목적과 그에 따른 계획을 세우기도 하지만 그러나 그렇지 않은 경우도 많기 때문이다.

강호순이라는 사람은 자기만의 목적을 위해서는 다른 사람을 신경 쓰지 않았다. 그들의 생명조차도 전혀 문제되지 않았다. 목적달성을 위하여 세운 계획은 치밀했고 끔찍했던 것이다. 무섭기조차 했다. 누가 흉내 낼까 걱정이 되기도 하는 것이었다.

용산 철거민 참사사건도 마찬가지다. 지역발전의 목적은 좋은 것이었다. 그러나 재개발 사업에 따른 상처와 인명피해가 너무 컸다. 당장 삶의 터전을 잃어버리고 더욱 어렵게 생활고를 겪어야 했던 그들에게는 얻어야 할 목적달성이 결국에는 안타까움이 되고 말았다. 또한 경찰들도 자기들의 그 목적을 이루려다 보니 불미스런 오점을 남기도 말았다. 서로가 자기들의 목적을 위하여는 무섭지 않았고 그 어떤 방법과 수단도 가리지 않았기에 최악이 되고 만 것이다.

지금 감리교단은 어떤가? 감독회장을 차지하겠다는 그 목적을 위해서는 양심도 믿음도 상실하고 있다. 인격과 기본상식도 없이 그 목적만 성취하면 되는 것이다. 나름대로 자기가 원하는 분을 감독회장으로 만들기 위한 그 목적을 위하여 막말을 해가며 홈페이지 게시판에는 분노와 상처투성이의 글들로 가득차고 있다.

교회들이 자기 개인의 뜻과 목적을 성취하고 자존심을 내 세우면서 목사를 내 쫓거나 교회가 갈라지며 싸우는 것을 보기도 한다. 하나님의 목적이 아닌 사람의 목적을 이루려다 보니 이와같은 심각한 문제들이 비일비재 여기저기서 나타나고 있는 것이다.

사람들은 목적이 있어 좋은데 그 목적을 달성하고 차지하기 위해서는 상대방이 죽건, 상처를 받건, 주위 사람들이 뭐라 하건 막무

가내로 일관하고 있는 것이 문제다. 목적을 이루기 위하여 이렇게 지나치면 안 된다.

사람이 되어서 자기 욕심과 욕망, 쾌락과 정욕, 엄청난 명예와 권력, 자존심과 자기 의를 내 세우고 그 목적만을 고집하며 이렇게 힘들게 살아가는 현실이 정말 아쉽다. 이제는 하나님의 영광을 위한 목적으로 바뀌고 변화되어서 짐승과 동물이 아닌 사람으로서의 부끄러움이 없는 진정한 인간이 되었으면 정말 좋겠다.

2009년 2월 22일

연세대학교 연신원상 수상자 일동

자랑스런 연신원 수상 (가족과 함께)

수상 후 축하 동료 친구들과 함께

능력은 생명이다!

우리가 살고 있는 현대는 능력의 시대라고 말할 수 있겠다. 능력이 있어야 한다. 능력이 없으면 직장에서도 퇴출되고 성공적 삶을 살아가기가 어려운 것이다. 실력을 쌓아서 능력을 키워야 하고, 훈련을 열심히 잘해서 능력이 있어야 어디에든 또 무엇에든 승리할 수 있는 것이다.

능력있는 군인을 만들기 위하여 맹훈련을 시켜야 하고, 능력 있는 선수를 만들기 위하여 피눈물 나는 훈련이 있어야 되는 것이다. 남모르는 눈물과 땀방울이 있기에 능력 있는 사람으로 승리하며 성공하게 되는 것이다.

그렇지만 아무리 피눈물의 수고로 노력하고 훈련을 한다고 해서 그러한 능력이 생기고 나오는 것은 결코 아니다. 능력의 시작은 그러한 것으로부터 출발되는 것이 아니기 때문이다. 능력은 어디에서 나오는 것인가? 그 근원이 어디인가?

고양이는 쥐를 잡아먹을 수 있는 능력이 있다. 그렇지만 반대로 아무리 큰 쥐라도 고양이를 잡아먹을 수 있는 능력은 없는 것이다. 쥐에게 훈련을 시키고 잘 먹여서 덩치를 크게 한다고 해서 그 능력이 나오고 감히 고양이를 잡아먹을 수 있는 것은 아니다.

또 아무리 작아도 호랑이는 고양이를 잡을 수 있는 능력이 있다. 아무리 덩치가 커도 독수리는 하늘을 날 수 있는 능력이 있지만, 작다고 해서 닭이 하늘을 날을 수 있는 능력은 없다. 그러나 또 아무리 작아도 참새는 마음껏 하늘을 날 수 있는 것이다.

원숭이는 나무위에 올라 다니며 재주를 부릴 수 있는 능력이 있으며, 돼지는 아무리 더러워도 무엇이든 잘 먹고 소화를 시킬 수 있는 능력이 있고, 물고기는 물속에서 신나게 헤엄쳐 다닐 수 있는 능력이 있는 것이다.

왜 그러한 능력이 있는 것인가? 가만히 있어도 그 능력이 생기고 나오는 것은 바로 생명에서부터 출발하기 때문이다.

원숭이의 그 멋진 재주의 능력을 갖고 싶으면 고양이의 생명을 가지고 태어나면 된다. 동물의 왕이 되어서 모두를 잡아먹을 수 있는 능력이 부럽다면 훈련을 통해서 되는 것이 아니라, 사자의 생명을 가지고 태어나면 아주 간단하게 된다. 그 사자로서의 능력이 저절로 생기게 되는 것이다. 물속에서 마음껏 헤엄치고 그 안에서 살고 싶다면 물고기의 생명으로 태어나면 된다.

그렇다. 능력은 바로 생명인 것이다. 무슨 생명이냐에 따라 그에 따른 능력이 있는 것이다.

사람의 능력은 사람의 생명을 가지고 있기 때문에 그 능력이 있는 것이다. 사람에게는 우주 만물을 다스리며 통치하고 정복할 수 있는 어마어마한 능력이 있다. 사람보다 더 크고 힘이 있고 재주 있는 소, 돼지, 원숭이, 호랑이, 사자에게 있는 것이 아니다.

왜냐하면 사람에게는 또 다른 생명이 있기 때문이다. 사람에게만 하나님의 생명이 있다. '영접하는 자 곧 그 이름을 믿는 자들에게는 하나님의 자녀가 되는 권세' (요한복음 1:12)를 주셨으며 '예수께서 그리스도이심을 믿는 자마다 하나님께로서 난 자'(요한일서 5:1)라는 놀라운 말씀과 선언이 있다.

하나님의 생명을 소유한 자로서 하나님의 능력으로 살아가는 믿음의 사람들이기에 능치 못함이 없는 것이다.

능력 있는 사람 된 것을 축하하며 멋지게 주신 사명 감당할 수 있기를 기대하며 오늘도 행복하다는 고백을 하며 하나님께 영광을 돌린다.

2009년 3월 29일

3.1절 100주년기념 기자회견(투헤븐선교회)

서울한영대학교 평생교육원에서 김헌수 교수의 강의(부활실천신학)

부활의 감격을 열방에 가득히!

우리교회 남선교회 회장으로 이진호 권사님이 계신다. 교회 홈페이지에 사진도 올리고 또 좋은 글도 종종 올려놓기도 하는 세련된 권사님이시다. 이 권사님은 매사에 부지런하시다. 특히 성도들의 어려운 일이 있으면 무조건 달려오셔서 힘을 주시고 헌신하시는 귀한 모습에 언제나 본이 되신다. 권사님께서 쓰신 은혜의 글을 홈페이지에서 보게 되었다.

'떠나보내는 마음'

이 세상에 / 태어났다가 / 언젠가는 / 가야하는 길 / 단 / 우리보다 / 먼저 가는 것을...

어제 / 샘 안양병원 영안실 / 발인예배 / 자주 접하는 일인데...

예전 같지 않은 마음은 / 왜 이럴까?

아직은 / 젊다고 생각하는데 / 회갑도 넘긴 / 나이 탓인가?

떠나는 / 영구차를 / 바라보는 마음은 / 왜 / 이리도 착잡한지!

지난 토요일 갑자기 성도 한분이 돌아가셨는데 아마도 그 분의 장례식을 보고 솔직한 마음을 간단하게 정리한 것 같다. 나도 어느새 나이가 들었는지 공감이 간다. 아직 회갑의 나이가 아니고, 이제 겨우 50을 넘겼는데 글을 보며 내 마음도 뭉클해지는 것이다.

누구나가 똑같이 이 세상에 태어나서 때가 되면 모두가 가야하는 길이 있는데, 먼저 가고 나중에 가는 차이일 뿐, 예외는 없는 것이다. 그러기에 이 세상을 떠나가는 많은 분들을 보고 장례식을 치루며, 발인예배를 드리면서 내 인생도 아름답게 마무리를 지어야 할 때가 된 것을 느끼며 조금은 심각해지기도 한다.

그러나 아무리 내가 잘 했고, 열심히 살았고, 주의 일을 했어도, 마지막 주님 앞에 설 때에는 아쉬울 것이다. 왜냐하면 우리 인간은 누구나 죄인에 불과할 뿐, 그리고 부족하며 연약한 존재이기 때문이다.

이러한 우리 인간들의 죄성을 이미 다 아시고, 하나님은 세상을 사랑하사 예수님을 인간의 몸으로 이 땅에 보내주신 것이다. 그리고 채찍과 고난의 길을 걷게 하셨다. 너무나도 큰 죄와 허물이기에 죽음까지 가야만 했던 것이다. 피 한 방울, 물 하나 남기지 않고 다 쏟아 내게 하셨다. 그 길이 바로 갈보리 언덕의 십자가였다.

2000년 전의 십자가는 예수님 혼자만의 고난과 죽으심이 절대로 아닌 것이다. 그 십자가에는 지금의 우리가 함께 있었다. 인간들의 모든 질고와 가난, 저주 받은 죄악된 것들이 다함께 십자가 위에서 그대로 하나도 남김없이 똑같이 못 박혔고, 똑같이 죽은 것이다.

그 후 십자가는 죽음으로 끝나지 않았다. 놀랍게도 다시 살았다. 죽음을 이겼다. 질병도, 슬픔도, 모든 저주의 것들이 다 해결되어진 완벽한 승리자로 부활하신 것이다. 이제 십자가의 죽음을 통하여 우리 역시 부활의 놀라운 기적이 나타나게 된 것이다. 부활의 새로운 존재가 된 것이다. 그래서 기뻐할 수 있으며 행복을 노래할 수 있게 되었다.

부활을 통한 영원한 생명과 능력, 기쁨의 환희, 값진 승리의 삶이 우리에게 주어진 것이다. 구원이다. 십자가를 통한 부활의 역사로 온전한 구원의 은혜와 평강이 이 땅위에 이루어졌다. 부활절에 예수 십자가를 통한 승리의 개가를 힘차게 부르자. 그리고 이 구원의 감격으로 온 열방이 가득 채워지는 그 날을 계속 만들어가자.

2009년 4월 12일

극동방송 소망의 기도 진행

캐나다 노스웨스트대학 박사과정 교수

극동방송 ONE HEART ONE VOICE 찬양콘서트 설교

큰 소리 치는 사람!

'거기 좀 이상한 교회가 아닌가? 아무리 예배가 우선이고 중요하다고 해도 어느 정도이지, 적당히 교회가고 좀 빠지기도 하면 안 되나?' 데이트 할 시간까지 빼앗는다고 불만불평이 말이 아니다. '꼭 그렇게 열심히 교회에 다녀야 하냐'고 따지기도 하며 큰 소리 치기도 했다. 그러던 사람이 이제는 완전히 변했다. '그대 없이는 못 살아'의 그 대상이 애인에게서 주님이 되어 버린 것이다. 내 삶에 주인공이 사랑하는 애인과 그 어떤 세상의 것이 아니라 이제는 온전히 예수가 되었다.

그렇게 예수 그리스도를 만나게 된 계기가 있었다. 어느 날 불의의 교통사고로 죽음을 드나들었다. 도저히 수술도 할 수 없는 생사의 긴박한 상황에서 눈을 뜨고 보니 목사님이 와 계셨다고 한다. 찬송과 기도소리에 눈물이 뺨을 적셨고 정말로 하나님이 계신다면 병신으로 만들지 말고 온전한 사람으로 만들어 달라고 그는 어렴풋이 기도를 한 것이다. 만에 하나 생명을 구한다 해도 불구가 된다고 진단했던 의학의 판단을 뛰어넘어 1년이 넘도록 온갖 믿음의 훈련을 통하여 완벽하게 주님께서 치료를 하신 것이다. 중환자실에 있을 때에도 핸드폰으로 예배시간이 되면 목사님께 전화를 걸었다. 그리고 1시간이 넘도록 전화통을 붙잡고 예배를 드렸다. 자기도 모르는 사이에 이제는 '아멘'으로 큰 소리 치며 말씀과 예배에 푹 빠진 사람이 되어 버린 것이다.

놀랍게도 지금은 예배 뿐 아니라 교회의 충성된 열성자로 변화가 되었다. 마치 사울이 바울 되듯이 말이다. 그리고 이제는 제법 교회 뿐 아니라 목사의 신복이 된 것이다. 언제나 시간을 내고 또 만들어서 목사를 모시고 친히 운전수가 되어서 차안에서라도 쉬게 하며 목회의 여러 일에 협력자가 되어 주의 동역자로 쓰임받고 있는 것이다.

신기하게도 2년 전에 이렇게 만남을 주신 그는 살아계신 하나님을 간증하는 우리교회의 자랑스런 믿음의 용사가 된 것이다. 죽음의 문턱에서 다시 살리신 주님, 또 회생불가의 구렁텅이에서 모든 몸과 기능을 정상으로 회복케 하신 주님, 영육간에 강건하게 만들어 주시어서 이제는 주님을 위해 살게 하신 것이다. 주님께서 멋지게 일하신 것이다.

이제는 세례까지 받았다. 그리고 오히려 70~80생애를 유교의 틀 속에서 살아오신 완고하신 부모님을 전도하였고 온 가족이 세례교인으로 뒤바뀌게 된 것이다. 믿음의 가정을 만들어 주신 것이다. '주 예수를 믿으라 그리하면 너와 네 집이 구원을 얻으리라'의 말씀 그대로 이루어 주셨다. 한 사람을 변화시켜 그의 가족을 구원케 하신 주님의 영혼사랑과 일 하심이 정말 놀랍다. 그렇게까지 하지 않으면 본인은 물론 부모님 역시 어림도 없다. 예수 '예'자도 꺼낼 수 없는 집안의 사람들이었지만 이제는 온 가족이 복음의 증인으로 우뚝 서게 된 것이다.

아브라함을 부르시어 믿음의 조상으로 세우신 하나님, 바울을 부르셔서 이방을 정복하신 하나님, 지금 이 시대에도 동일하게 우리를 부르셔서 온 열방을 정복하기를 원하시며 일하고 계시는 것이다.

그러기에 주님 앞에 겸손히 무릎을 꿇어 '주여, 내가 여기 있나이다. 나를 보내소서!' 라고 고백해 본다. 그리고 이 어두워진 세상을 바라보며 감히 큰 소리 치는 사람이 되어 크게 외치며 사명을 재다짐할 수 있기에 더욱 감사하며 행복으로 오늘도 숨을 쉬고 있다.

2009년 4월 26일

박사학위 취득기념 가족과 함께

출판기념 및 세미나 광고(국민일보)

하나님이 창조하신 가정

이 세상의 모든 것에는 원리가 있다. 비행기가 멋지게 하늘을 날 수 있는 것도, 배가 물위를 겁 없이 달릴 수 있는 것도, 자동차가 신나게 달리고 움직이는 것에도 정확한 원리가 있어서 그대로 되어지는 것이다. 집안에 전기불이 들어오고, TV를 켜서 마음대로 채널을 옮겨가며 볼 수 있고, 앉아서 전화를 주고받을 수 있는 것도 다 원리대로 되는 것이다.

이처럼 이 세상을 살아가는 있는 우리 인생에도 원리가 있다. 인간은 그냥 되는대로 막 사는 것이 아니다. 간혹 인생의 원리를 모르고 자기 기분과 멋대로 살아가고 있는 사람들을 보게 된다. 결국 자신과 그 가정은 깨어지고 파괴되어 온갖 상처와 아픔으로 신음하고 있는 것을 쉽게 볼 수 있는 것이다. 사람으로, 남자와 여자로 이 세상을 살아가면서 그 원리를 모르고 막가는 인생이 되면 안 된다. 우리 인간 삶의 원리는 결코 그렇지 않기 때문이다.

향긋함이 있고 신록이 있는 5월의 이 계절을 가정의 달이라고 말한다. 이 땅의 모든 가정마다 아름답고 복 받는 행복한 가정을 이루어야 할 것이다. 그러나 여기에도 분명한 원리가 있는 것을 알아야 한다. 그냥 저절로 되는 것이 아니다. 원리를 알면 너무 쉬운데, 문제는 그 원리를 모르기 때문에 안 되고 심각한 것이다. 불행한 인생이 되고 있는 것이다.

하나님은 말씀하시는 분이다. 태초에 말씀이 계셨다. 그리고 그 말씀에 의하여 세상은 그대로 만들어졌고 창조되었다. 지금도 그 말씀의 원리에 따라서 봄, 여름, 가을, 겨울과 사시사철이 변해가는 것이다. 모든 생물은 태어나고 살다가 그 후에는 죽는다. 자연의 섭리가 아니라 하나님의 원리인 것이다.

그렇다면 인간의 삶, 가정의 원리는 무엇인가? 창세기 1:27에 '하나님이 사람을 창조하시되 남자와 여자를 창조하셨다.' 이 원리는 하나님은 처음부터 사람을 창조하실 때에 남자와 여자로 구분하여 만드셨는데 이것은 가정을 의미한다.

하나님이 창조하신 사람의 시작은 남자와 여자의 가정으로부터 출발한 것이다. 이처럼 가정은 하나님께서 남자와 여자의 창조로부터 시작한 것이다.

그리고 이어서 28절에 '하나님은 그들에게 복을 주셨다.'는 것이다. 바로 그것이 중요하다. 하나님이 사람을 남자와 여자로 만드신 그 가정에게 복을 주신 것이다. 하나님은 가정에 복을 주시기로 약속하셨다. 이것이 하나님의 가정에 대한 기본 원리이다. 하나님의 말씀대로 이 땅의 모든 가정들은 하나님이 주시는 복을 받아 누릴 권한이 있는 것이다.

하나님은 남자인 아담과 여자인 하와를 만드셨고, 창세기 2:24에 '남자가 부모를 떠나 그 아내와 연합하여 한 몸을 이루라'고 말씀하셨다. 그 말씀의 원리대로 부부가 되고 가정을 이루게 되는 것이다.

하나님이 나를 남자로 창조하시고 또는 여자로 창조하신 것은 가정을 이루라고 하신 것임을 알아야 한다. 이제 아름답고 귀한 가정을 이루어서 하나님의 원리대로 하나님이 주시는 복을 받고 누리는 축복의 가정과 행복한 가정들이 되어야 할 것이다.

더 이상 사단의 계략에 넘어가지 말고 그 장난에 속지 말고, 온전한 하나님의 원리가 이 땅의 모든 가정들에게 그대로 이루어질 것을 믿고 기대하며 오늘도 나는 하나님 앞에 말씀의 성취를 위하여 기도하면서 행복해 한다.

2009년 5월 17일

우간다 시장과 함께(아프리카 우간다 방문)

아프리카 우간다 신학교에서 설교

삶과 죽음!

엄청난 충격이었다. 대한민국 백성이라면 모든 사람들이 정말 놀랄만한 사건이었다. 노무현 전 대통령이 봉화마을 뒷산 부엉이 바위에서 투신하여 스스로 목숨을 끊은 것이다. 토요일 아침 비보의 소식에 의아해하며 귀와 눈을 의심하기까지 했다.

그는 유서에서 자기의 참담한 심경을 밝혔다. 충분히 이해가 가고 동정이 가기도 한다. 그렇지만 그래도 그렇지, 어떻게 그렇게까지 할 수 있었을까? 의구심이 생긴다. 그러나 또 얼마든지 그럴 수 있었겠다는 생각이 들기도 한다.

유서를 자세히 보면 쉽게 그런 이유와 증거를 발견하게 된다. 그의 유서 중에 이러한 글귀가 있었다. '삶과 죽음은 하나가 아닌가?' '삶과 죽음이 모두 자연의 한 조각이다'라는 표현이 있다. 그러한 사고방식의 생각이 있었기에 그는 얼마든지 이 끔찍한 죽음의 길을 선택할 수 있었던 것이다.

과연 그의 생각처럼 산다는 것과 죽는다는 것은 동일한가? 삶과 죽음은 하나인가? 살아있는 것이나 죽는 것이나 모두 자연의 한 조각으로 조화를 이루는 일이라고 볼 수 있는가? 대통령이라는 최고의 통치권자라도 그러한 사고의 결과가 그를 자살로 끝나게 만든 것이었다.

그러나 엄연하고 분명하게 다르다. 삶과 죽음은 전혀 그렇지 않다. 절대로 하나가 될 수 없다. 동일하게 볼 수 없다. 삶과 죽음이 하나라고 하는 표현은 철학적인 사고로는 얼마든지 가능하다. 그러나 실제는 아니다. 절대로 그럴 수가 없는 것이다. 하나의 미사여귀가 되어서 멋지게 글로는 쓸 수 있어도 합리화 되어 실제의 현실을 그렇게 만들 수는 없는 것이다.

그러한 사고와 생각을 갖게 되면 그 판단으로 결국 죽음을 택하게 될 것이다. 누구든지 얼마든지 또 언제든지 그러한 일을 자행하게 될 것이다.

그러기에 지금 우리 사회는 우울증과 함께 이렇게 많은 사람들이 스스로 목숨을 끊는 자가 늘어가고 있는 것이다.

현대인들이 이러한 달콤한 표현에 그럴듯하게 여기며 끌려가고 있다. 그렇다보니 힘들고 어려운 일을 겪고 만나게 되면 생을 쉽게 포기한다.

지금 살아서 이렇게 억울하게 당하느니 차라리 죽으면 다 해결된다고 생각한다. 죽음이나 사는 것이 마찬가지로 다를 바가 없고 삶과 죽음은 다를 바가 없다는 생각에 쉽게 죽음의 길을 택하여 자살을 하고 있는 것이다.

안타깝다. 몰라도 한참 모르는 것이다. 모르는 게 죄다. 그래서 죄를 짓고, 결국에는 지옥에 가고, 정말 몰라서 문제가 된다. 분명히 알라. "한 번 죽은 것은 사람에게 정하신 것이요 그 후에는 심판이 있으리니(히 9:27)" 죽은 후에는 심판이 있다. 살아있는 동안에 어떻게 살았느냐에 따라 그에 따른 심판과 상급이 따르게 된다.

그러기에 살아있을 때에 잘 살아야 한다. 무조건 열심히 돈 벌고, 출세한다고 되는 것이 아니다. 믿음으로 살아가는 삶이 되어야 한다. "믿음이 없이는 기쁘시게 못하나니 하나님께 나아가는 자는 반드시 그가 계신 것과 또한 그가 자기를 찾는 자들에게 상주시는 이심을 믿어야 할지니라(히 11:6)"

살아있는 동안에 믿음으로 하나님을 기쁘시게 해야 하며 그리고 죽은 후에는 그 믿음으로 놀라운 상급을 받을 수 있어야 한다. 이러한 값지고 고귀한 삶과 죽음이 되기를 바란다.

2009년 5월 31일

중앙 흰옷이 우간다 「무세베니」 대통령
우간다 「무세베니」 대통령과의 접견(김헌수 목사가 기도를 하다)

한국의 한 기업 시온 한국 리미티드는 우간다 에너지 부문 투자에 관심을 표명했습니다.

그 회사에서 나온 대표단은 회사의 주도로, Mr.전 씨 Koang 우 캄팔라에서 그의 사무실에 요웨리 무세베니 대통령은 만났다.

Mr.전 씨 Koang 우, 그들의 회사는 40개 Megawatts 매년 2000원으로 직접적인 고용 기회를 제공하는 것의 출력 용량을 가진 우간다에서 발전소 건설에 목표를 갖고 있는 대통령이라고 말했다. 3천 노동자들에게 직원들과 간접 작업 기회를 제공하죠

그는 또한 회사, 직류 전원 생산 외에, 태양열 집열판과 배터리 제조할 것이라고 덧붙였다.

번역 원문 영어사이트 항상 번역 ×끄기

국가조찬기도회 설교
(100주년기념관)

흐뭇하고 행복한 시간!

사마리아선교회 사무총장인 강계진 목사가 진천지방 감리사 취임감사와 함께 성전을 아름답게 지어 하나님께 봉헌예배를 드렸다. 이에 지난주일 사마리아선교회 대표회장으로 충청도 진천으로 달려가서 축하를 하며 감사패도 전달했다.

2시간이 넘도록 예배를 드리며 이 모양 저모양 축하와 감사의 순서들이 많았다. 그곳에 참석한 사람들은 1시간이 넘자 언제 끝나나 눈치를 보는 분위기였고, 순서 맡으신 분도 배가 고파 그만 마쳐야 되겠다며 축사를 끝내기도 했다.

순서 하나하나에 그날의 주인공에게는 흐뭇한 모습이 역력했으며, 더 길수록 감격과 눈시울로 그에게는 행복한 시간이었다. 모든 순서가 끝난 후에도 안으로 밖으로 다니면서 손님들에게 인사를 몇 바퀴 돌면서 나누고 고마워하는 모습이 그러했다.

그럴 수밖에 없는 것이다. 5년에 걸쳐 교회를 지으면서 손때하나 안 묻은 곳이 없다. 순탄치 않은 순간순간의 어려운 고비마다 하나님의 도우심으로 건축이 완성된 것이다. 교회 겉을 보니 정말 멋지고 아름답게 잘 지었다. 그러나 안으로 들어가서 자세히 보니 합판을 대고 붙이고 칠을 한 것들이 누가 봐도 아마추어 냄새가 물씬 풍기고 있었다. 재주 많은 목사님이라 손수 엄청난 수고를 끊임없이 한 흔적이 보였다.

나에게도 1984년 서울 사당동에서 교회를 개척하여 3년 만에 땅을 사고 5년째 건축을 했던 기억이 난다. 누가 좋은 것을 몰라서 그렇게 짓는 것이 아니다. 알지만 당장 자금이 없고 형편이 안 되기에 또 한 푼이라도 아끼고 절약해도 턱도 없이 부족하기에 비싼 전문가를 부르지 못하고, 아마추어인 내가 직접 버려진 합판조각을 주어다가 못을 박고 페인팅을 하는 것이었다. 그래도 나에게는 얼마나 흐뭇하고 기특하며 자랑스러운 일이었는지 모른다.

언제나 교회생각과 건축에만 매달려 노심초사 거기에 눈물과 땀이 있기에 드디어 성전건축을 완성하여 하나님께 봉헌예배를 드린다는 것이 얼마나 감격스러운 일인가? 충분히 이해가 간다. 안 먹어도 괜찮고 배부르다. 그냥 좋다. 더 오랜 시간이 가도 흐뭇할 뿐이다. 그러니 그 시간이 가장 행복한 것임에 틀림없는 것이다.

목회를 하면서 목사라면 적어도 2가지의 경험은 있어야 한다고 생각하고 있다. 하나는 교회를 개척해 보는 것이다. 그래야 목회가 뭔지 더 뼈저리게 느끼고 알 수 있다고 본다. 개척을 통하여 한 영혼의 귀중함과 교회성장의 꿈과 소망을 배우게 되기 때문이다. 또 하나는 적어도 교회건축을 해 보면 좋겠다는 것이다. 설계도 해보고, 레미콘 회사도 가보고, 철근도 만져보고, 설레는 마음으로 하루가 멀다 하고 날마다 몇 번이고 현장을 가보고 비전을 꿈꾸며 또 교회 건축자금이 부족해서 금식을 하며 울기도 해 보고 말이다. 이 둘 다 정말 힘들고 어려운 일이다.

그러나 아니다. 정말 귀하고 값진 일이며 간증이 된다. 혹 교회가 작고 목회에 실패가 있다할지라도 교회를 개척해 봤거나 건축한 경험이 있는 분이면 충분히 목사로서의 자격이 있다고 본다. 그리고 그는 행복한 목회자인 것이다. 지금 충청도 진천에서의 흐뭇해하는 모습에서 나에게도 감동의 마음을 적시며 시간가는 줄 모르고 마냥 함께 행복한 시간을 가질 수 있는 이유가 바로 거기에 있었던 것이다.

2009년 6월 14일

지방교역자 선교대회 (유럽에서)

지방목회자 세미나(유럽)

실라(실루아노) 같은 사람

바울의 2차전도 여행의 출발과 함께 동행을 시작한 사람이 실라입니다. 바나바와 크게 싸운 바울은 실라와 함께 바나바는 마가요한 과 함께 서로 다른 길을 떠납니다. 바울에게 가장 가까이 접근해서 사역했던 사람이라면 당연히 실라였을 것입니다. 브리스길라와 아굴라 부부가 합류하기 까지는 더더욱 그러했을 것입니다.

실라는 몇 가지 중요한 일을 한 사람입니다. 그러나 특별나게 앞으로 튀어 나온 사람은 아닙니다.

베드로서의 대필자가 실라입니다. 베드로의 저적설이라고 볼 수 없다는 논쟁을 불라 일으킬 만큼 아름다운 문체와 내용을 자랑하는 베드로서는 베드로가 부르고 실라가 대필했다는 것이 유력한 설입니다. 실라는 누군가를 만나면 그 사람을 빛나게 해주는 사람입니다.

바울과 함께 동역하는 동안 수많은 고난을 같이 경험합니다. 그러나 실라는 지치지 않는 사람입니다. 마게도냐의 첫 성 빌립보 사건은 실라의 위대성 그리고 신실함을 느끼게 하는 사건입니다. 바울과 함께 집단 폭행을 당하고 감옥에 실신한 채 들어갔다가 깨어난 후 바울과 함께 원망하고 분통을 터뜨리기 보다는 오히려 찬송을 부릅니다.

고난 속에서 어려움 속에서 노래할 줄 아는 사람 그래서 바울은 이 실라와 함께하는 것을 그리도 좋아했나 봅니다. 세상은 문제를 찾아내고 지적하고 비판하는 일에 모두가 집착하는 때입니다. 그것은 정치권에서부터 출발하여 사회의 모든 분야에 이르기 까지 흠집을 내고 트집을 잡으려는 사람들이 정당화 되는 때입니다.

우리 교회가 있는 하남시의 시장님이 이단 척결대회에서 이단을 몰아내고 하남시가 복음화 되는 전초기지가 될 것을 이야기 했다가 종교 편향 발언을 했다고 고발당했습니다. 안수 집사가 교회 행사에서 기독교인의 정체성에 맞는 이야기가 종교 편향이 됩니다. 교회를 다니면서 간증을 하는 것을 문제 삼습니다. 단체장이 되면 종교도 버려야 한다는 억지인 것 같아 씁쓸합니다.

미국의 대통령은 참 좋겠다는 생각입니다. 마음껏 예배하고 마음껏 교회를 다닐 수 있으니 말입니다. 우리 자녀들에게 대통령 되지 말라 기도해야 할 것 같습니다. 교회도 마음대로 못 다니고 예배도 마음대로 못 다니는 대통령이 안쓰러워서입니다.

다른 사람을 빛나게 하는 사람이 많아야 강한 공동체입니다. 같이 있으면 힘이 되는 사람이 많아야 강한 집단이 됩니다. 사실 교회는 실라 같은 사람이 많아야 합니다. 고난도 나누고 아픔도 나누면서 같이 하는 동안 힘이 되고 용기가 되는 그런 사람이 많아야 합니다.

전도의 거룩한 역사를 만들어야할 때 우리는 실라가되어 함께하는 전도 공동체에 힘이 되고 기쁨이 되고 용기가 되는 실라가 되어야 합니다.

300용사가 12만의 칼 든 자를 물리치듯 거룩한 부흥의 역사를 만드는 또 한명의 용사가 우리 모두가 되어야 합니다. 실라처럼 다른 사람에게 힘이 되는 특별한 사랑을 나눌 줄 아는 사람으로 말입니다.

2009년 6월 28일

유럽(여름 궁전)

외숙모가 만들어준 꽃 머리띠를 꽂고
(며느리 미지, 손녀 소율)

유럽(여름궁전)

두 종류의 교회

A목사님이 B라는 교회에 초빙을 받아 부임을 하였다. 장로님께서 새로 오신 담임목사를 모시면서 이렇게 부탁을 하더라는 것이다. "목사님, 저희 교회가 더 이상 침체되지 않고 빨리 부흥이 되도록 해 주십시오. 전도도 많이 해서 다시 성장하는 교회로 회복될 수 있도록 잘 부탁합니다" 그래서 초면의 만남이었지만 목사님은 '장로님, 잘 알았습니다.

분명히 1년 안에 100명 이상을 전도하여 부흥시키겠습니다. 장로님들이 영혼을 위한 500만원씩 특별 전도헌금을 해 주십시오' 라고 감히 부탁을 했다고 한다.

장로님들이 물질과 마음을 모아서 믿음의 기도로 시작을 하였는데, 부임한지 6개월이 지나 150명 이상의 새 식구가 늘었고, 교회의 분위기가 어린 아동부는 물론 학생, 청년, 장년에 이르기까지 모든 부서가 놀랍게 성장하면서 활력이 넘치게 되었다는 것이다. 또 다른 케이스가 있다. C목사님도 D라는 교회에 초빙을 받아 장로님과 함께 첫 대면의 인사를 나누면서 "목사님, 지금 우리 교회는 상처가 큽니다. 교인들이 이런저런 일들로 힘들어 하고 있으니 전도하라, 선교하라, 하면서 귀찮게 하지 말고 좀 편하게 교회에 다닐 수 있도록 해 주십시오. 목사님들을 보면 교회를 크게 해서 자기욕심만 채우려는 경향이 있는데 좀 삼가 해 주시고요, 사례금도 연봉으로 드리겠습니다. 솔직히 지금 교회 형편도 어려우니 전임 목사님만큼은 못 드립니다. 그렇게 아십시오."

목사님은 "목회란 이런 것이지, 그러나 말씀으로 은혜를 받으면 변화되는 법, 믿음의 가능성을 기대하면서 마음을 비웠고, 교회 사명인 영혼구원의 전도와 선교를 게을리 하지 않고 또 포기할 수 없기에 더욱 생명의 말씀을 선포하기에 주저하지 않았다"라고 한다.

이제 시간이 흘러 3년여가 되었다. 그런데 놀라운 일이 벌어졌다. 어렵게 시작된 D교회가 장로님의 훼방(?)에도 불구하고 역시 살아계신 하나님은 장로편이 아니라 영혼들을 사랑하셨기에 교회를 부흥시켜 주셨던 것이다.

그러나 결국 문제는 D교회에서 일어났다. 교회가 부흥되고 성장할수록 D교회 장로 마음은 편치 않았다. 교회식구가 늘어나고 많아지고, 자기보다 나은 성도가 오면 시기를 하고, 헌금을 더 많이 해도, 더 예배출석하고, 더 열심히 봉사하고, 충성을 하면 그런 모든 것들이 싫었다. 그리고 목사님께 순종하는 것을 맹종한다고 폄하했다. 교회를 시끄럽게 만들며 목사에게 그 모든 탓을 돌리는 것이었다.

위의 사례에서처럼, 지금 이 땅위에는 2종류의 교회가 있다. 영적 교회와 육적인 교회다. 다 똑같은 교회가 아니다. 당신의 교회는 지금 누가 다스리며 통치하고 있는가? 정신 차려야 한다. 심각하게 고민하고 기도해야 할 때에 우리가 살고 있기 때문이다. 교회마다 성령이 주인 되게 하옵소서!

2009년 7월 12일

보고 싶은 얼굴!

지난 6월 28일은 우리 교회 창립 40년이 되는 날이었다. 많은 행사 중에서 '보고 싶은 얼굴 초청하기'가 있었다.

그동안 서로 바쁘게 살아가다보니 연락도 제대로 못했던 사람들, 그냥 떠밀려가듯 살아 가다가 모처럼 이런 기회를 만들어서 그들을 만나게 된 것이다. 보고 싶은 얼굴들이 있고 그래서 그들을 만날 수 있다는 것 자체가 우리들을 행복하게 만들어 주는 시간이 되었던 것이다.

얼마나 반가웠던지? 얼마나 신나는 일이었는지? 고맙기도 하고 정말 참 좋았다. 우리들의 만남의 시간이 너무 짧게 느껴졌다. 지난날들의 이야기를 다 나누고 멋진 추억과 사랑의 마음을 전하기에는 부족했다. 그때의 아픔과 슬픔도 감사와 은혜로 바뀌었다. 간증이 되어 우리들의 찬양이 되었던 것이다.

"아름다웠던 지난 추억들~, 내 인생 여정 끝내어~ 매일 발걸음마다 예수 인도 하셨네…" 눈물의 찬양이 계속될 수밖에 없었다. 지난 1984년 12월 서울 사당동에서 개척교회를 시작했던 나로서는 감동 그 자체의 시간이 되었던 것이다. 눈물의 흔적을 남기고 감사의 노래를 부르며 20년 동안 희로애락을 나누다가 훌쩍 떠나

버린 그 사람들이 지금은 어디서 무얼 하고 있을까, 궁금도 하고, 보고 싶었던 것이다. 그 때 그 당시의 수많았던 사연들의 감미로움이 나를 흥분시키기에 충분했던 것이다.

어느새 훌쩍 커 버린 자녀들, 이제는 든든한 버팀목이 되어서 우리 옆에 서 있기에 기특하고 보람도 있었다. 영적계보를 이어가는 믿음의 가정을 이루어 가고 있기에 하나님께 감사했다. 시간의 흐름 속에 자녀들이 그렇게 많이 자라줬는데 그에 반해 부모들은 아직도 좀 늙긴 했지만 그래도 그 정도면 애들 큰 것에 비해 괜찮아 보였다. 서로가 '그대로 있어요. 아니 이젠 주름살도 있고 많이 늙었지, 아니야' 하면서 호들갑을 떨기도 했고 마냥 어린 소녀 철부지처럼 얘기꽃을 피우기도 했던 것이다.

이렇게 만날 수 있다는 그 자체, 그동안 헤어져있던 사람들, 멀리 떠나서 소식도 없이 무관심(?)하게 지냈던 얼굴들, 궁금해 하던 이런저런 아픔의 추억이 담긴 사람들까지, 보고 싶은 얼굴들을 다시 만날 수 있다는 것은 우리들을 행복하게 만들어 주었던 것이다. 행복이 이런 것임을 알게 해 주었고 이처럼 내 삶에 보고 싶은 얼굴들이 있다는 것이 감사했고 행복했다. 돈이 많고 출세를 한 그 이상으로 훨씬 더 값지고 자랑스러웠던 것이다. 그래서 목회에 아름다움과 보람을 느끼며 너무 행복하여 주님께 감사기도를 드렸다.

살아있는 동안, 주님 앞에 서는 그 날까지 우리는 언제나 함께 있어 행복하고 또 언제라도 다시 보고 싶은 얼굴의 주인공이 되어야 할 것이다. 그것이 바로 나의 행복이요, 우리 모두를 행복하게 만들어 주는 것이 되기 때문이다.

2009년 7월 26일

아니, 안 무서웠어요!

산수 좋은 강원도 횡성 거기서 우리교회의 자랑인 다음세대의 목양제자 아동부의 세례식을 가졌다. 이미 교회에서 충분히 교육을 했고, 세례의 의미와 뜻을 잘 익혔기에 물속에 들어가 아예 잠기고 죽어야 한다는 것을 알고 있었다. 그런데도 막상 자기차례를 기다리면서 처음해보는 신기한 경험이라 사실은 두려움이 있었던 것이다.

그곳은 한가운데로 맑고 깨끗한 제법 차가운 물이 마냥 즐겁게 소리를 내며 흐르고 있었고, 양 옆으로는 크고 작은 바위들로 걸터앉을 수도 있었다.

침례하기에 아주 합당한 예비 된 맞춤형 장소였다. 천사 같은 어린 아이들이 세례복을 입고 나란히 섰으며 양 옆에서는 총총히 앉고 서서 함께 찬양을 부르는 모습은 정말 한 폭의 그림 같았다. 우리들은 한명씩 차가운 물에 들어설 때 마다 축하의 함성을 질렀다. 먼저 가슴에 물을 축이고, 머리에도 놀라지 않도록 물을 적셨다.

그리고는 하나님의 생명책에 기록될 이름을 정확하게 부르며 이제는 물속에 몸 전체를 뉘어 완전히 잠기게 한 것이다. 아이들은 코를 열심히 잡고 있다가 막상 물에 들어가려는 순간에는 겁에 떨려

손을 놓치기도 했다. 그러나 아주 진지했고 모두가 대견스러웠다.

나의 죄를 완전히 장사지내고 이제는 죄와 상관이 없는 새로운 피조물인 하나님의 자녀로 거듭나는 탄생의 순간이었다. 물에서 나오면 얼른 수건으로 얼굴과 몸을 닦아주었고, 머리에는 이른 새벽부터 미리 만들어 놓은 화려한 왕관(?)의 꽃 모자를 씌어주었다. 그리고 또 자연산 그대로의 풍성한 한 다발의 꽃을 가슴에 안겨주었다. 비둘기 같이 임하는 성령의 축제 아래 함께 축하하며 소리 높여 기타반주로 찬양을 했다.

'기쁜 날 기쁜 날 주 나의 죄 다 씻은 날 늘 깨어서 기도하고 늘 기쁘게 살아가리~' 찬양소리가 시냇가의 흐르는 맑은 물소리와 함께 양쪽의 바위와 어울려져 말 그대로 멋진 작품이 되기에 충분했다. 얼마나 아름다웠는지 모른다. 정말 천국 같았다.

지금도 그 여운이 남아있다. 천사도 흠모할 만한 그 순간이 멋진 필름으로 머리를 스친다. 요단강에서의 예수님 세례를 방불케 하는 사건이었다. 어제 주일에는 그들에게 세례증서를 주었다. 거기에는 그 당시를 회상할 수 있는 겁먹은(?) 모습의 사진이 함께 붙어있다. 어려서부터 예수를 경험케 하는 것은 바람직하다. 영적인 경험은 필요하다. 가능하면 이런저런 많은 경험이 있을수록 좋다. 이제 저들은 분명히 믿음의 사람으로 잘 자라리라 믿는다. 떳떳하게 하나님 원하시는 믿음의 용사인 것이다. 그래서 열방을 향하여 복음의 증인된 삶을 살아가게 될 것이다.

저들을 통하여 세계를 정복할 그날을 기대해 본다. 그래서 다음 세대를 키우는 보람에 감사의 기도를 드린다. 목회가 즐겁고 행복한 이유가 여기에 있는 것이다.

2009년 8월 16일

비행기 노래

'떴다 떴다 비행기 날아라 날아라 높이 높이 날아라~' 어린아이의 노래 소리가 흥겹게 들린다. 아주 오랜만에 귀에 익고 정감이 가는 노래이기에 나도 모르게 가벼운 마음으로 따라 불렀다. 그런데 갑자기 소리가 멈췄다. 나의 자그맣게 부르던 노래도 당연히 멈췄다. 나는 계속 더 부르고 싶었는데 그럴 수 없었다. 여기가 유치원도 아니고, 학교도 아니며, 노래방도 아니기에 나 좋다고 부를 수 있는 상황이 아니었다.

여기는 비행기 안이다. 지금 비행기가 소리를 내며 아주 힘차게 하늘 높이 치솟아 오르고 있는 순간이었다. 사람들은 조용하게 나름대로 긴장(?)을 하고 있는데, 지금 내 뒤에서는 여기에 전혀 아랑곳하지 않고 6~7세쯤 되어 보이는 아이가 설레는 마음으로 '비행기' 노래를 부르고 있는 것이었다.

모처럼 아름다운 옛 추억이 떠오르면서 함께 따라서 불렀는데 아쉬웠다. 뒤로 몸을 돌려서 그 아이에게 '괜찮아, 더 해, 계속 불러~' 라고 말하며 주문을 했다. 처음 비행기를 타 보는 아이에게는 신기하고 저절로 '비행기' 노래가 나올 수밖에 없었던 것이 보기에 좋았다. 그러나 아이는 옆에 있는 엄마의 눈치를 보고 있었다.

그 엄마는 예의와 상식의 교양을 가지고 '안돼, 여기서 부르면 어떻게~' 하면서 조금은 강하게 압력(?)을 가했다. 여기에 내가 '아니야, 괜찮아, 해도 돼, 계속해~' 라고 정반대의 요구를 할 수도 없었기에 아쉬움을 뒤로 하고 내가 그만 포기하고 말았다.

모처럼 동심의 세계로 돌아가면서 좋은 여행의 첫 출발이 될 수 있었는데 잠시의 흥분을 멈추고 여기서 나도 점잖은 어른이 되어 젠틀맨의 모습으로 다시 한 번 안전벨트를 꽉 조였다.

그날 밤 고급스런 좋은 호텔에 와서 다시 한 번 그 노래를 불러봤다. 이제는 아내와 단 둘이 있기에 얼마든지 부를 수 있었고, 누가 뭐랠 사람도 없었다. 그런데 아내가 묻는다. '당신은 왜 갑자기 어린애도 아닌데 그런 노래를 부르느냐' 고, 어린애 수준으로 취급하는 것인지, 그게 무슨 짓이냐는 것인지, 잔소리인지 핀잔인지 조금은 씁쓰레한 기분이 들었다.

역시 이 노래는 이 나이에, 지금 또 여기서 부를 것이 아니라고 생각하여 그만 뒀다. 그런데 어린 시절로 돌아가고 싶은 설레는 마음에 밖에 나갔다. '비행기' 노래를 다시 불러보았다. 재미가 없었다. 비행기 이륙할 때의 높이 떠오르는 그 기분도 아니고, 흥겹지도 않고, 신나지도 않고, 실감도 안 났다. 역시 다 때가 있고, 장소와 시간이 제대로 맞아야 제 맛이 나는 것을 알게 되었다.

모든 사람들은 다 어렸을 때에 추억이 있다. 하늘의 비행기를 바라보면서 멀리 어디로 가는 것인가? 나도 저 높은 비행기 한번 타봤으면 좋겠다는 꿈을 가져보았을 것이다. 어렸을 때에 내일의 희망과 푸른 꿈을 싣고 부르던 노래가 '비행기' 인 것이다.

2009년 8월 30일

김치볶음의 행복

나이 50이 훨씬 넘었다. 모처럼 부산 누나 집에 갔다. 아침식사를 근사하게 준비한 식탁에서 동생을 생각하는 사랑의 마음을 느낄 수가 있었다.

누나가 말한다. '이것 좀 먹어봐, 옛날 어렸을 때 그렇게 잘 먹고 좋아하던 김치볶음이야, 엄마가 해주면 다른 반찬은 입에도 안 대고 그것만 먹었지, 엄마생각에 김치볶음을 했는데, 근데 좀 짜게 된 것 같네~' 한다. 얼른 그곳으로 손이 향하여 한 점 집어 맛을 보았다. 아닌 게 아니라 좀 짜르스름하다. 그러나 자연스런 나의 반응은 '아~ 아주 맛있는데~ 정말 엄마 맛이야!' 말 한마디에 누나와 함께 행복을 느끼는 순간이었다.

KTX 열차에 몸을 싣고 집으로 오는 가족석에서 사랑하는 딸이 이렇게 말한다. "아빠, 참 좋겠다. 고모의 그 사랑과 배려에 감동 먹었어, 할머니가 해 주던 좋아하는 김치볶음이라는 고모의 말에 나도 모르게 눈물이 왈칵 쏟아져서 참느라고 혼났어" 하는 것이다.

아빠를 생각하는 고모의 모습에서 딸이 보고 느낀 감정 그대로였던 것이다. "근데 아빠, 정말 그 김치볶음 맛있더라" 우리는 다시 한 번 그 김치볶음을 말하면서 함께 행복을 느꼈고 열차는 계속해서 달리고 있었다.

"소임아, 너도 네 동생이 있자나, 나중에 너희가 아빠만큼 나이 들면 영혁이가 너 네 집에 갈 때 너도 똑같이 잘 먹고 좋아하던 맛있는 것을 만들어 먹으면서 지금처럼 얘기를 나누게 될 거야" 하면서 옆에 있던 아내가 엄마로서 딸에게 자연스럽게 교육을 시킨다.

"그렇지, 그렇게 해야지, 사실은 나도 그렇게 생각하고 있었어, 근데 엄마가 해주는 맛있는 게 뭐지?" "그래, 미안하다. 엄마가 그냥 교회 일만 한다고 바쁘게 지냈는데 이제는 좀 신경쓸께" "아니야, 엄마 괜찮아, 엄마가 해주는 것은 다 맛있고 좋아, 우리도 김치볶음이면 돼~" 하면서 재미있게 대화를 나눈다. 아름다운 엄마와 딸을 바라보면서 역시 김치볶음이 최고라는 말에 '피는 못 속이는 구나' 생각하며 가족의 행복을 느꼈다.

전화벨이 울린다. "엄마, 아빠 잘 들어 가셨어요? 저도 부모님을 배웅하고 BOQ에 들어 왔어요" 부산에서 통역장교로 군 복무중인 해군 중위의 아들에게서 연락이 왔다. "그래 고맙다. 잘 들어갔지? 우리도 다 잘 왔어, 잘 먹고 건강하게 군 생활 잘 하거라" "예~ 근데, 고모집에서 아빠에게 고모가 해 줬던 그 김치볶음 끝내주던데요? 여기 있으니 그런 맛을 볼 수가 없어요. 요번 주에 집에 갈테니 엄마에게 말씀드려서 김치볶음 해 주시면 좋겠어요. 엄마의 김치볶음이 먹고 싶네요" 한다.

2009년도의 여름휴가는 아름답고 행복했다. 엄마생각에 누나가 김치볶음을 동생에게 해준 것이 이렇게 온 식구를 행복하게 만든 것이다. 누나의 김치볶음은 앞으로도 계속될 것이다. 사랑하는 누나 소임이가 동생 영혁에게 엄마대신 또 김치볶음을 해줄 것이기 때문이다.

2009년 9월 13일

역시 은혜를 받아야!

사람이 사람을 바꾸지 못하고 변화시킬 수 없다. 오직 하나님만이 사람을 변화시킨다. 사람은 역시 은혜를 받으면 달라지게 되어 있다. 은혜는 정말 신기하다. 놀라운 힘이 있다. 은혜를 받으니까 정말 변화되었다.

"집에 들어갔는데 천국 같았어요. 내 방의 모든 것은 그대로 있는데 그냥 좋아 보이는 거에요" "사무실에 갔는데 사람들이 다 사랑스러워보였어요" "세상이 아름다워 보여서 저절로 참 아름다워라 찬양이 나왔어요" 내가 살아가는 세상이 새롭게 보이는 것이었다.

"목사님께 대접하고 싶어요. 시간 좀 내 주세요" "목사님 많이 사랑해요!" "교회가 좋아 졌어요" "예배시간이 기다려져요" "교회에 오래있고 싶어요" 교회생활이 달라진 것이다.

"엄마가 진짜 변했어요" "잔소리가 없어졌어요" "화도 내지 않아요. 엄마 마음이 넓어진 것 같아요" 함께 사는 아들이 엄마를 보고 하는 말이었다.

"내가 봐도 그냥 조급하지 않고 여유가 생겼어요" "사랑하는 마음이 생기고 무엇이든 이해가 되고 용서가 돼요" "집안일 하는 것도 짜증이 안 나요. 내가 봐도 신기해요" 엄마가 스스로 고백을 하였고 가정까지 변화되어 평화를 찾은 것이다. 지난주일 부흥성회를 마치고 받은 은혜를 나누는 말들이었다. 84년도에 교회를 개척하여 그동안 말씀에 집중하여 목회를 해왔다. 나름대로 말씀 속에서 언제나 그 깊은 영적인 감동에 놀라워했다. 말씀이 살아있는 생명의 말씀으로 힘이 되어서 교회를 부흥시켜왔고 아름다운 목회를 할 수 있었던 것이다.

금번에는 성도들이 성령체험을 실제적으로 할 수 있도록 집회를 준비했다. 부족한 종에게 은혜를 주시어 강한 성령님의 감동으로 담임목사가 성령체험 능력부흥회를 주일부터 금요일 밤까지 직접 인도했다. 평소 2시간정도의 집회시간이 아닌 일주일동안 4시간, 6시간이 훌쩍 넘도록 집회가 열렸다. 성령의 임재를 직접 느끼고, 보고, 치료받고, 확인하는 시간이었다.

성령이 입에 임하면 혀와 입이 움직여 말하게 하는 방언을 했다. 또 몸에 임하면 몸이 반응을 일으키고 그대로 따라 움직이는 신비한 체험도 했다. 육체의 질병과 아픈 그곳에 성령이 임하면 낫고 치료가 되었다. 에스겔 골짜기 마른 뼈가 움직이며 이 뼈 저 뼈가 맞아서 힘줄이 생기고 살아나는 에스겔 37장처럼 또 복음서 예수님 치료의 경험도 할 수 있었다. 나에게 직접 체험이 되어서 그 은혜의 나눔과 간증은 삶을 새롭게 하고 바꾸고 변화시켰다. 성령체험을 통해 받은 은혜는 우리의 삶 전체를, 세상의 모든 것들을 다 변화시키는 능력이 되었던 것이다.

교인 뿐 아니라 불신자들도 은혜를 받을 수 있으면 좋겠다. 성도와 목사, 교회가 먼저 성령체험으로 충만한 은혜를 받아서 세상까지 변화시킬 시대적 사명자로서의 주역이 될 수 있기를 기대하며 기도한다.

2009년 10월 18일

시끄러운 소리가 있어 좋아요

여기저기 교회가 온통 왁자지껄 소리가 그치지 않는다. 정신을 쏙 빼 놓는다. 싸우는 소리가 아니다. 시끄럽지만 나쁘지 않고 그래도 좋게 느껴진다. 모두가 분주하게 움직이는 소리들이다. 본당에서는 젊은이들의 소리가, 부엌에서는 아줌마들의 소리와 덜그럭거리는 설거지 그릇 소리로 요란하다.

내일 학생들이 찬양콘서트를 한다고 한 달이 넘도록 열심히 준비를 해 왔다. 꿈나무 학생들이 모이다 보니 교사들도 함께 모였다. 그리고 그들을 위하여 저녁을 준비한다고 여선교회 회원들도 함께 나와서 부엌에서 바쁘게 움직이고 있는 것이다. 모두가 하나가 되어 움직이는 모습들이 너무도 보기에 좋다. 역시 교회에서의 모든 소리는 무엇이든 다 좋다. 언제나 나에게 힘을 준다. 남녀노소를 불문하고 무언가 주님을 위하여 은혜 가운데 꿈틀거리고 있는 소리들이기 때문이다. 함께 어우러져서 불협화음이 아니라 아름다운 하모니의 조화를 이루고 있는 것이다.

살아있는 교회다. 가능성이 있다. 비전이 있다. 무한한 부흥의 날개를 펼쳐 쉼없이 날개 짓을 하고 있는 것이다.

그러나 반면에는 다르게 바라보는 자들이 있어 안타깝다. '뭐

그리 질서가 없느냐?' '버릇이 없다' '정신이 없다' '애들만 관심 갖느냐?' '헌금도 안하고 무슨 도움이 되느냐?' '교회돈만 낭비한다'는 등의 부정적인 마인드의 비난 소리를 하고 있는 경우도 혹 있는 것이다.

깜짝 놀랄 일이다. 교회는 모든 부류의 사람들이 있어야 하고, 젊은 사람들은 많을수록 좋은데 말이다. 교회는 언제나 살아있는 호흡의 소리로 가득 채워져야 하는 것이다. 비록 시끄럽기도 하고, 불을 켜 놓고 그냥 집에 가기도 하지만 어쩌겠는가? 새벽에 나와 보면 불이고 에어콘이 그대로 켜져 있지만 괜찮다. 물론 아쉽고 고쳐야 하지만 그래도 차라리 좋다.

다음세대가 없으면 내일이 없다. 그래서 교회가 조용한 것이 싫다. 잠잠한 것이 싫다. 항상 문이 닫혀 있는 것이 싫다. 여기저기 불이 항상 켜져 있어야 한다. 그리고 소리가 나야 한다. 더 시끄럽게 말이다.

지금도 목양실의 컴퓨터 앞에 앉아 글을 쓰고 있다. 사실 시끄럽다. 드럼소리, 피아노, 신디, 볼륨 높은 마이크의 찢어지는 각양의 소리들이 함께 들려온다. 방해가 되는 것이 사실이다. 당장 문을 열고 나가 '너희들 조용히 못해?' '너무 시끄럽잖아' '목사님 설교준비 해야 돼'라고 큰소리 칠만도 하다. 그러나 아무 말도 않고 있다. 그냥 감사한 마음으로 내일을 그려본다.

저들 중에 큰 인물이 있으리라, 목사와 선교사, 의사, 판검사, 학계와 정치, 체육, 예술, 경제계의 다방면에 스타가 나타날 것이다. 민족과 열방을 향한 훌륭한 인물이 탄생할 것을 기대해본다. 그래서 교회가 좋다. 언제나 젊음의 소리가 있는 시끄러운 교회가 더 좋은 것이다.

2009년 11월 1일

이 가을에 떠나보내고 싶은 당신!

당신은 나에게 아름다웠습니다. 그리고 당신은 언제나 나에게 힘이 되었고, 사랑이 되었습니다. 그래서 당신 때문에 나의 삶은 행복했습니다. 언제나 당신은 나의 자랑이 되었습니다. 당신 때문에 내가 기뻐했고 또 때론 당신 때문에 눈물을 흘리기도 했지만 다 괜찮습니다. 그리고 그 자체가 나에게는 행복이 되었을 뿐입니다.

이처럼 당신은 나의 모든 것이 되었고 나의 전부였습니다. 당신이 바로 내 삶의 그 자체였다고 해도 부끄럼이 없을 정도로 떳떳했고 좋았습니다. 그래서 당신 없는 삶은 나의 참 삶이 아니었고, 당신과 함께 아니라면 살아갈 재미가 없었습니다. 지금까지 나는 바로 당신 때문에 보람이 있었고, 여기 이렇게 존재할 의미가 있었던 것입니다.

그러나 어느 날 당신은 나의 아픔이 되었습니다. 언제부터인가 당신 때문에 내 마음은 괴롭기 시작했고 당신은 나의 진정한 당신이 되지 못하고 말았습니다. 당신은 나의 눈물이 되어 그토록 고통을 주었던 것입니다. 씻을 수 없는 깊은 상처의 당신이 되어 버렸습니다. 이제 당신은 나에게 원치 않는 현실이 되어서 싫은 사람이 되고 말았습니다.

주님 앞에 서는 날 까지 당신이 이렇게 될 줄은 정말 꿈에도 몰랐습니다. 내 삶에 끝까지 진정한 당신이기를 바랐는데 이렇게 바뀐 지금 야속하기 그지없습니다. 그래서 당신 때문에 이토록 마음 아파서 울어보기도 처음입니다. 이렇게 안타까운 줄 미처 몰랐습니다. 그래도 나는 여전히 당신을 사랑하고 있습니다.

이제 결단을 하였습니다. 더 이상 미련을 갖지 말아 주십시오. 나도 그렇게 하겠습니다. 그리고 이제 내 곁을 떠나주십시오. 과감하게 뒤돌아보지 말고 우리 헤어집시다. 나는 당신의 그 가시는 걸음걸음 위에 박목월 시인처럼 진달래꽃을 한 아름 뿌려 드리겠습니다. 그리고 말없이 그냥 보내 드리고 싶습니다. 조용히 사뿐히 즈려밟고 떠나주십시오. 더 이상 시끄럽게 하지 말아 주십시오. 귀찮게 하지 말아 주십시오. 많은 사람들의 선한 마음에 더 이상 눈물을 심지 말아주십시오. 지금까지의 그것으로도 충분합니다. 이제는 그 이상의 그 무엇도 더 필요하지 않으니 자중하여 주시기 바랍니다.

이제 먼 훗날 당신과 내가 서로 진실해져서 만날 수 있다면 그래서 다시 더 아름다운 행복의 꿈을 꿀 수 있을 것을 기대하는 것으로 족합니다. 예수 생명의 진리로 당신이 우뚝 설 것을 기대해도 될지 모르겠지만 그렇게 기다림이 더 좋을 것 같습니다.

지금 당장 아쉽고 후회를 해도 괜찮습니다. 당신 없이 이 땅에서 살아가는 것이 더 많은 사람들에게 더 큰 은혜가 될 것이기 때문입니다. 떨어지는 낙엽 소리에 많이 외로워보일지라도 어쩔 수 없습니다. 감히 용기를 내어 이 가을에 당신을 내 곁에서 떠나 보내드립니다.

2009년 11월 22일

건전지와 양말의 은혜

연말이 되면 왠지 더 분주하고 마음이 들뜬다. 교회 역시 한해를 마무리 짓고 또 새해를 준비하면서 많이 바쁘다. 특별히 각 부서마다 총회가 열린다. 그리고 새로운 일꾼들을 뽑기에 더 바쁘다.

지난 토요일에는 내일의 꿈나무인 학생회 총회가 열렸다. 학생들의 청아한 웃음소리가 들렸다. 토요일의 바쁜 시간이었지만 잠시 시간을 내서 가 보았다. 무기명 투표용지를 돌리고 칠판에는 바른 정(正)자 표시를 하며 또 일어나 인사를 하기도 한다.

회장과 부회장이 그리고 총무와 서기도 이미 다 뽑혔다. 이제는 회계를 선출하는 시간이 된 모양이다. 2명이 천거되었다. 사회자는 앞으로 나와서 소견발표를 하라고 한다. 남학생이 말한다. "시계에는 건전지가 있습니다. 그 건전지 때문에 시계가 잘 돌아가는 것처럼, 나도 우리교회와 또 학생회가 잘 돌아가도록 녹슬지 않은 건전지가 되겠습니다" 아주 간단명료한 그의 발표에 저절로 '와~' 하는 함성과 함께 박수소리가 나왔다.

그 뒤를 이어 또 한명이 나왔다. 이번에는 여학생이었다. 가만히 있더니 입을 열었다. "나는 양말이 빵꾸나도록 열심히 뛰어 다니겠습니다" 역시 간단한 출마자의 소견이었지만 우리에게 또 한 번의 감동을 주기에 충분했다. 역시 모두가 소리를 질렀다. 멋있는 2명의 정견발표였다. 나는 '학생들이 과연 누구를 뽑을 것인가?' '누가 당선될 것인가?' 궁금했다. 재미가 있어 끝까지 기다렸다. 개표결과가 나왔다. 아슬아슬하게 양말이 이겼다. 양말은 '빵꾸를 목표삼아 더 많은 양말을 준비해 놓아야 한다'고 당선소감을 말했다. 건전지는 씁쓰레하게 미소를 지었지만 그래도 역시 '학생회가 잘 돌아가도록 계속 건전지의 소신을 버리지 않고 잘 도와주겠다' 고 말했다. 고마웠다. 학생들의 생기발랄한 말과 표현에 감동이 되었다. 역시 자랑스러웠고 우리 학생들이라서 그런지 더 기특해 보였다.

나의 마음에 지금도 두고두고 남아있다. 건전지와 양말! 그 주는 의미가 새삼 은혜가 된다. 사실 교회에는 둘 다 필요하다. 건전지가 되어서 잘 돌아가야 한다. 멈추면 안 된다. 특별히 교회에서 주님의 일은 멈출 수 없는 것이다. 하나님은 주무시지 않으시고 일하신다. 예수님은 '내 아버지께서 이제까지 일하시니 나도 일한다(요 5:17)"라고 말씀하셨다.

아름다운 고백과 다짐을 하는 멋진 우리 학생들을 보면서 바쁜 연말의 목회일정 속에 한주간의 피로가 다 씻긴 듯 했다. 든든하고 보람이 있고 나의 기쁨이 되기도 했다.

나도 주님 앞에 이렇게 고백해 본다. '주여, 건전지가 되어서 교회가 잘 돌아가게 하옵소서!' '주여, 주의 일로 내 양말이 빵꾸가 나게 하옵소서!' 새해를 준비하면서 이러한 다짐을 하니 더 큰 은혜가 된다.

2009년 12월 13일

아름다운 추억의 힘!

교인 집에 이사심방을 갔다. 은혜롭게 예배를 잘 드리고, 풍성하게 준비한 음식을 나누고 있었다. 마침 학교에서 딸이 돌아왔다. "목사님께 인사드리라"는 엄마의 말씀에 예쁘게 "안녕하세요" 하고는 자기 방에 들어갔다.

학교에서 공부를 마치고 집에 돌아오면 한창때에 배가 고프다. 나의 옛 경험으로 너무도 잘 알고 있기에 목사인 내가 고1 짜리를 불렀다. 아무 말도 없이 어른들만 먹고 있으면 얄미운 것이다. '맛있는 것 많이 있으니 같이 먹자' 고 하였다. 조금 후에 한자리에서 함께 음식을 나누게 되었다.

'언제까지 엄마 혼자만 나오면 되겠니? 너도 이제 방학 그만하고 교회에 나와야지!' 하며 교회에 잘 나올 것을 당부했다. 그러나 이런저런 핑계거리가 많았다. 이를 보면서 요즘 학생들의 신앙생활이 평탄치 않음을 느낄 수 있었다. 그래도 여러 말로 설득을 했다. '정 어렵고 시간이 안 되면 요번 크리스마스 날만이라도 한번 와 보라' 고 했다.

신기하게도 이 말 한마디에는 아주 쉽게 공감을 표하며 그렇게 하겠다고 대답하며 약속을 하는 것이었다. 의외였다. 웬일인가 했더니 엄마의 말속에서 그 이유를 알 수 있었다.

어려서부터 교회에 잘 나갔다는 것이다. 엄마 뱃속에서부터 교회에 나갔는데 중고등학교에 진학을 하면서 공부한다는 핑계로 몇 번 빠지기 시작하더니 이제는 아예 교회와 담을 쌓은 지 3~4년이 지났다고 한다. 그럼에도 크리스마스가 되면 그 날은 언제나 교회에 나갔다는 것이다. 다른 날은 몰라도 당연히 성탄절에는 교회 가는 것으로 알고 있다는 것이다.

거기에는 아주 간단하고 분명한 이유가 있었다. 성탄절이 되면 흔히 먹으러 가거나 선물을 받으러 교회에 가는 것이 일반이었다. 그러나 그것이 아니었다. 어려서부터 교회에 다녔고, 그동안 자라면서 성탄절 행사의 많은 추억들이 그에게 있었던 것이다. 지난날의 성탄에 담긴 경험들을 마음에 간직하고 있기에 그날을 그리워하는 것이었다. 그래서 교회에 안가면 웬지 허전하고 이상하다는 것이다. 옛날 그 시절의 추억이 지금도 나를 움직이게 하는 힘이 되는 것이었다.

사람은 태어나면서 부터 많은 경험을 하게 된다. 사람에게는 지난날의 아름다운 추억들이 필요한 것이다. 나에게도 평생 잊을 수 없는 추억과 경험들이 있다.

어느새 50을 넘어 60을 향하여 열심히 달려가는 나이임에도 불구하고 아직까지 어릴 때의 성탄절 추억이 남아있다. 옛 성탄의 추억이 더욱 나를 새롭게 하는 것이다. 이처럼 추억은 누구에게나 매우 값지고 중요하다.

그러기에 교회는 너무 좋다. 교회에서 이런저런 많은 경험을 할 수 있기 때문이다. 믿음 안에서 다양한 경험을 하게 된다. 예수 생명으로 철저히 훈련하되 다양한 프로그램으로 많은 경험을 하게 되는 것이다.

특별히 크리스마스가 되면 교회에서 가수가 되기도 하고, 연극배우가 되기도 한다. 뮤지컬 배우, 연주자, 연출가, 감독 등이 되어서 다양한 경험을 하게 된다.

이와 같은 다양한 체험을 통하여 비전과 꿈을 심어주게 되고 이 모든 것들은 아름다운 추억으로 기억에 남게 되는 것이다. 그것이 바로 결국에는 자산이 되며 그를 믿음으로 살게 하는 힘이 될 것이다.

2009년 12월 27일

아름다운 믿음의
청년 호은이와 함께

목회자세미나(상트페테르부르크)

일산 킨텍스 투헤븐선교회 전시장

청골고개의 겨울

겨울이다. 제법 차다. 바람이 옷깃을 파고들어 움츠리게 만든다. 또 온천지가 하얗게 눈으로 덮여 있다. 소복소복 뽀도독 눈을 밟는 소리에 겨울의 기분을 실감하게 한다. 살을 에는 듯한 모처럼의 강추위와 눈발에 진짜 겨울 같다.

그러나 추운 것은 싫다. 사실 너무 춥다. '아 시원하다. 바람아 겨울바람아 불어라, 마음껏 불어라, 나를 더 시원하게 해다오' 일부러 정신통일이라도 하듯 이렇게라도 달래 보겠다는 의지였다. 아무리 큰소리 쳐 보지만 소용이 없다. 여전히 더 추울 뿐이다.

이번에는 정반대로 외쳐보았다. '아~ 여름이다. 너무 더운 여름이야~' 여름을 연상해보았지만 그래도 역시 춥기는 그대로 마찬가지였다.

옆에서 아내가 말한다. '당신 뭐가 그리 춥다고 그래요. 매서운 찬 기운이 오히려 시원한데, 겨울 날씨가 이 정도는 돼야 하는 것 아니어요? 난 추운 겨울이 좋아요.' 똑같은 사람인데, 똑같은 날씨에 누구는 더 춥고, 누구는 오히려 생큼한 맛이 나고, 웃기는 일이 아닌가? 그 이유가 분명히 있을 것이다. 남자와 여자의 차이인가? 내가 더 약하고 아내가 더 강해서인가? 그렇지만은 아닐 것이다. 나도 건강하기 때문이다.

다른 것이 있다면 아내는 1월생이다. 추운 겨울에 태어났다. 태어나자마자 추위에 적응할 수밖에 없었을 것이다. 반면에 나는 꽃피는 4월생, 따스한 봄볕 속에 태어났다. 여기에 차이가 있는 것인가? 글쎄 모를 일이다.

그러나 지금도 기억에 남는 것이 있다. 아마도 그래서 내가 더 추위를 싫어하는 것 같은 생각이 든다. 육이오 전쟁이후의 시절, 어려울 때에 나는 강원도 시골에서 자랐다. 그 당시는 정말 추웠다.

특히 학교를 오가는 길에 우리 동네에 청골고개라는 곳이 있었다. 여기를 반드시 통과해야만 했다. 그 고개는 정말 높았고 여름에는 땀으로, 겨울에는 찬바람으로 우리를 괴롭혔던 곳이다. 아무런 막아줄 집도, 나무도, 그 무엇도 없었다. 그곳을 지날 때라면 항상 바람이 더욱 세찼다. 온 몸이 얼어붙었고 뺨이 꽁꽁, 손발과 귀가 떨어져 나가는 것 같았다.

제대로 된 내복도 없었다. 누나가 입던 누더기 빨간 내복이 고작이었다. 부잣집 아들은 털장갑이라도 끼고 그나마 귀 가리게라도 있었지만, 우리는 고작 벙어리장갑으로 족해야 했다.

이처럼 가난했고 어려웠던 옛 시절의 엄청난 추위가 아직도 내 안에 자리 잡고 있는 것이다. 청골고개의 겨울은 지금 생각해도 아찔하다.

엄동설한의 그 위력적인 겨울의 매서운 청골고개가 여전히 지금도 그대로 재연되는 것이다. 그것이 지금도 나를 더 춥게 만들고 있는 것이 분명하다. 추운 겨울을 싫게 하고 그렇게 느끼게 하고 있는 것이다. 청골고개의 겨울이여 안녕!

2010년 1월 17일

엘리베이터의 첫 경험

하나님의 은혜로 지난주에 서부 유럽을 다녀왔다. 사랑하는 성도가 부족한 종을 위하여 그동안 목사님께 감사한 마음을 가지고, 좋은 곳에 다녀오라고 작년부터 조르다가 기어코 비행기 티켓을 끊어가지고 온 것이다.

첫 도착지인 프랑스 파리에서 우리와 무척 다른 첫 경험을 하게 되었다. 공항을 빠져나와 어두워진 밤에 호텔에 들어갔고 새로운 호기심에 여기저기 둘러보았다. 처음으로 신기한 것이 눈에 띈 것이다. 참 이상했다. 우리와 틀린 것이 있었던 것이다. 문을 열고 들어서면 1층 로비가 바로 앞에 있는데 그곳이 1층이 아니었다. 0층이었다. 분명히 건물 1층인데 0층인 것이다. 이것이 처음으로 내 눈에 들어온 우리와 다른 것이었다. 내가 묵을 방 키 번호는 146호실이었다. 이것은 1층이다. 그러기에 아주 자연스럽게 1층의 로비 옆으로 방을 찾는데 여기가 아니었다.

분명히 1층의 방 호실인데 엘리베이터를 타고 2층으로 올라가야 했다. 1층을 가야 하는데 엘리베이터를 타 보기는 생전 처음이었다. 드디어 엘리베이터를 타고 1층으로 올라왔다. 엘리베이터의 첫 경험은 나를 헷갈리게 하기에 충분했다. 1층이 맞나? 2층이 맞나? 2층인가? 1층인가?

이제는 다시 방에서 나와 1층 로비로 내려가려고 엘리베이터의 1층 버튼을 누르지만 다시 문이 열릴 뿐이었다. 정신을 차리고 1층이 아니라 0층인 것을 생각하고 버튼을 눌러야 했다. 0층을 누르니 1층으로 내려왔다.

유럽 프랑스가 왜 이렇게 불편하게 층수를 다르게 했을까 이해가 잘 안 됐다. 아내에게 왜 그러냐고 물어보니 나도 잘 모르겠다고 이상하다고만 대답할 뿐이다. 그러나 나는 이 문제가 심각했다. 첫날 밤의 잠을 파리에서 보내면서 곰곰히 생각해봤다. 왜 1층부터 시작하지 않고 0층부터 시작을 했을까? 모든 것의 시작은 1부터가 아닌가? 1이 있어야 2가 되고 그래야 3, 4, 5가 되는 것인데 말이다.

생각이 떠올랐다. 사실 처음 시작은 1이 아니었다. 모든 것의 시작은 0이 맞다. 이것이 성경적인 것이었다. 하나님이 천지창조를 하실 때에도 하나부터 시작되지 않았다. 하나도 없었다. 완전 무(無)였다. 0으로부터 시작되었던 것이다. 아무것도 없는 무(無)에서 유(有)를 만드시고 창조하신 것이었다. 이렇게 아무것도 없는 제로상태에서 모든 만물이 가득 채워졌고 번성케 된 것이다. 이것이 바로 창조원리였던 것이었다. 서구 유럽은 역시 기독교로 시작된 문화이기에 우리와 달랐지만 나름대로 이렇게 해석을 하다 보니 새삼 은혜가 되었다.

하나님을 알고 공경하는 나라, 하나님의 창조원리에 따라 기독교적인 신앙과 문화를 발견하면서 부럽기도 했다. 서로 다른 것을 이해하며 나와 틀린 것이 잘못이 아니었기에 오히려 가는 곳 마다 즐거운 여행이 되었고 감사했다.

2010년 1월 31일

비행기의 첫 경험

창가에 앉았다고 기뻐한다. 그리고 기도응답이라며 좋아한다. 비행기를 처음 타 보는 것이라 기대가 되었고 하나님께 기도했다고 한다. 창가에 앉게 해 달라고, 그래서 하늘 위를 보게 해 달라고 기도했는데 하나님이 들어주셨다고 좋아하는 것이다.

또 비행기 안에서 2번이나 기내음식을 먹었다고 기뻐한다. 이것 역시 기도응답이란다. 처음 비행기를 탈 때부터 기도했다고 한다. 비행기에서 나오는 음식은 어떤 것일까 궁금해 하면서 무엇이든 고급일 텐데 맛있게 잘 먹게 해달라고 기도 했는데 정말 입맛에 딱 맞아 맛있었다는 것이다. 영어도 잘 못하고 그냥 손짓 발짓으로 표현했더니 아주 친절하게 더 갔다 줘서 배부르게 먹었다는 것이다. 또 콜라와 주스의 음료수도 많이 마셨다며 기뻐한다. 평소에 이렇게 많이 마셔볼 수 없는 것이었는데 비행기 안에서 여러 종류로 또 이렇게 자주 주는 줄은 정말 몰랐다는 것이다. 실컷 마셨고 너무 좋았는데 이것도 기도 응답이라는 것이다.

이렇게 마음껏 먹고 마시면서 푸른 하늘 위를 날고 있는 것이 너무 신기했고, 이 모든 것들이 다 하나님께서 응답해 주신 것이라면서 '우리는 기도하면 다 된다'라면서 고백하는 것을 보면서 많은 것들을 느끼게 했다.

그런데 한 가지 힘들고 어려웠던 것도 있었다고 한다. 하마터면 정말 울 뻔 했다고 한다. 하늘 위로 높이 올라갔는데 귀가 멍하더니 콱 막히고 아프기 시작했다는 것이다. 너무 아파서 어찌할 바를 몰랐고 참을 수 없을 정도였는데 억지로 참았다고 한다. 비행기에 내려서도 오랫동안 잘 들리지도 않았고 촌놈이라고 할까봐 제대로 말도 못했다는 것이다.

성운이의 순진한 모습과 아름다운 고백을 보면서 은혜가 되었고 기특해 보였다. 비행기를 생전 처음 타 보는 것이기에 나름대로 기대를 하면서 이런저런 기도를 했던 모양이다. 하나하나 아주 사소하고 작은 것들을 다 기도했고 그래서 하나님께서 응답해 주셨다면서 좋아하고 기뻐하는 것이었다.

사실 나는 지금까지 비행기를 타면서 그렇게 기도해 본적이 전혀 없다. 그러기에 한편으로는 그의 고백을 들으면서 부끄럽기도 했다. 역시 어린아이와 같아야 모든 것에 응답이며 감사로 이어질 수 있다는 것을 새삼 배울 수 있었다.

지난 1월말 겨울방학을 맞아 23명의 학생들이 비전트립으로 필리핀에 다녀온 것이다. 처음 우리 교회에 와서 신앙생활을 시작한 성운이는 아주 믿음이 잘 자랐다. 그곳 선교지에서도 하나님의 일하심을 더 많이 체험할 수 있었던 것이다. 영혼 사랑하심의 아버지의 마음임을 가슴에 안고 돌아왔다. 그리고 열방을 향하여 나아가야 할 복음의 사명과 세계를 보는 눈을 열고 왔다.

아주 순수한 성운이를 보면서 목회에 더 귀한 보람이 있었고 하나님께 감사했다.

2010년 2월 14일

잊지 못할 밴쿠버!

지금 밴쿠버는 우리 한국인은 물론 온 세계인에게 날마다 환호성을 지르게 하고 있다. 지난 2월 13일부터 3월 1일까지 그곳에서 동계 올림픽이 열리고 있기 때문이다. 더군다나 자랑스럽게 금메달 사냥을 계속하고 있는 신나는 모습에 우리 온 국민의 눈과 귀는 그곳에 쏠려있어 잊지 못할 밴쿠버로 자리 잡고 있는 것이다.

메달을 따낸 선수는 물론 아쉽게 탈락한 선수들에게도 당연히 그 밴쿠버는 평생 잊을 수 없는 것으로 남아있게 될 것이다.

스키점프를 비롯한 수많은 경기가 열리는 휘슬러(Whistler)는 사시사철 눈 덮인 산으로 하늘이 맞닿아 보이는 멋진 곳이다. 또한 값진 금메달 수확으로 우리에게 연일 큰 기쁨을 안겨주고 있는 한국의 효자종목인 쇼트트랙과 세계가 지목하고 있는 김연아 선수의 피겨스케이팅이 열리는 퍼시픽 콜리시엄(PAC) 그리고 사이프레스 마운틴, 리치먼드, UBC 대학의 실내경기장 등의 아주 친숙한 지명들을 듣고 보면서 밴쿠버가 더욱 그리운 것이다.

사실 그 밴쿠버는 나에게 특별한 의미를 지니고 있는 곳이다. 벌써 10년이 훌쩍 지난 2000년도의 일이다. 낮에는 신학교에서 강의를 했고, 주일이면 21세기 소명교회에서 북한과 세계를 향한 복음의 꿈을 피우며 유학생들과 외로운 자들을 위하여 진정한 복음을 나눴다. 그리고 틈을 내고 시간을 만들어서 쉼 없이 복음을 전했다.

밴쿠버 다운타운에서 홈리스와 마약중독자, 노숙자들에게 미리 번호표를 나눠 주고, 순서대로 점심을 주며 복음을 전했다. 매주 수요일이면 유치원에서 대학까지 있는 영국인 교장의 사립학교에 가서 채플시간에 성경을 가르치고 상담하기도 했다.

특별히 아내는 3개월, 6개월 마다 정착하려고 밴쿠버에 들어오는 배에 올라가서 1시간에 3~4곳을 돌면서 영어로 4영리 복음을 전하는 선원 선교에도 열심을 다하였다. 고국이 그리운 유학생들을 위하여 한국 특유의 음식을 해주고 복음과 구원의 기쁜 소식을 전하기도 했다. 투와슨(Tsawwassen)이라는 인디안 보호구역에 들어가서 원주민을 위한 사역에도 짧은 영어로 충성을 다 하였던 것이다.

그 바쁜 중에도 틈틈이 도서관에 가서 책을 보며 공부를 했던 기억도 새삼스럽다. 따스한 커피 한잔의 향내와 분위기로 한껏 젖어 있을 법한 여유로움이 있었음에도 불구하고 오히려 한국에서의 근성을 못 버리고 복음을 위하여 열심히 바쁘게 살았던 것이다.

에메랄드빛의 호수와 자연 그대로의 풍경 그리고 함께 어우러진 멋진 도시 밴쿠버는 나에게 올림픽의 금메달 보다 더 값진 상급의 면류관을 받게 하는 기억들로 남아있는 곳이다.

이제 곧 금의환향하는 금메달 선수들처럼 나 또한 주님께 환호성을 부르게 될 그 날을 기대하며 큰 기쁨과 감사의 기도를 드리게 한다.

2010년 2월 28일

우물 안 개구리를 벗어나…

세계지도를 펴서 우리 한국을 이리 보고 저리 보아도 정말 작은 나라인 것은 틀림없다. 게다가 또 우리 민족은 지지고 볶으면서 그토록 반만년의 역사를 지내온 것이 사실이다. 그리고 단일민족을 자랑하면서 아직도 이 좁은 땅에서 지역감정 하나 넘지 못하고 있는 현실이 안타깝기도 하다. 이제는 세계화 시대에 달라져야 할 것이다.

지난 3월4일 극동방송 주최로 조선호텔 그랜드볼룸에서 극동포럼이 있었다. 강사로 나선 주한 미국대사인 캐슬린 스티븐스(Kathleen Stephens)을 통하여 새로운 것을 느끼게 하기에 충분했다. 이른 아침이었음에도 많은 사람들이 찾아와 자리가 부족할 정도로 대성황을 이룬 것이다.

그녀는 서두를 이렇게 꺼내며 시작했다. “아메리카를 발견한 것이 콜럼버스가 아니라 한국인이었다. 한국인 탐험가가 발견하여 세종대왕에게 어떻게 이름을 지으면 좋겠냐고 물었다. 세종대왕이 대답하기를 ‘몰라, 아무거나 해’ 그래서 ‘아무케나’ ‘아메리카’가 되었다”며 조크를 던졌다. 나름대로 우리에게 긍지를 심어주는 짧은 멘트로 분위기를 자유롭게 했다.

그녀가 1975년도에 한국을 처음 보고 '특별한 미래가 있는 나라'로 느꼈단다. 그 당시 박태준 포항제철 회장이 세계은행에 차관을 요구했다고 한다. 그러나 돈 못주겠다. 왜냐하면 한국은 상환할 수 있는 능력이 없다고 판단했기 때문이란다.

물론 한국인의 의지와 추진력은 누가 말하거나 보고하지 않았고, 단지 차관을 요청한 그 당시의 자료만으로는 당연히 불가능했을 것이었다고 한다. 그러나 지금은 그 우려를 완전히 깨뜨리고 다르게 변화한 나라가 되었다고 했다.

사실 우리는 이처럼 열악했던 한국이었다. 아주 작은 우리들의 모습이었다. 그러나 이제는 놀랍게 변화되어 세계 속에 뛰어들게 된 것이다. 한국과 미국은 60년 동안 희망의 씨를 함께 뿌려온 관계였고 이제는 그 희망과 변화의 기운을 보고 또 느낄 수 있게 된 것이다.

그래서 한국과 미국, 양국의 관계를 우호관계, 동맹관계, 혈맹관계 또는 적대관계라고 말하는 사람도 일부 있지만 여하튼 복잡한 관계 그러나 매우 특별한 관계라고 말했다. 그렇지만 그러한 모든 것을 뛰어 넘어서 분명한 것은 '우리 관계'라고 그녀는 강조했다.

멋있는 표현이었다. 그렇다. 이제 우리가 되어야 한다. 미국뿐이 아니라 세계가 함께 우리의 관계가 되어야 한다. 그래서 우리는 함께 지혜를 모으고, 더 나은 미래의 씨를 계속 뿌려 나가야 할 것이다. 그리고 또 다른 변화의 세계와 우리의 관계를 지속해야 할 것이다.

사실 우리 민족은 오랫동안 우물 안 개구리로 살아왔다. 그리고 그런 개구리처럼 스스로 행세를 했으며, 우물 안에 갇혀서 더 넓은 여유를 품고 세계를 바라보지 못했던 것을 부인할 수 없다.

2010년 3월 14일

감동의 게장 집

금요 철야기도회를 마치고 집에 와서 유일하게 밤늦게까지 지낼 수 있는 한가로운 날이 금요일 밤이다. 일주일 중 토요일 새벽기도회가 없기 때문에 부담 없이 오랜만에 가족과 함께 밤늦게까지 아주 자유롭고 편안하게 이야기를 나눈다.

그런데 지금은 상황이 다르다. 매주 토요일 아침이면 일찍 일어나야 할 일이 생겼다. 모처럼의 여유로운 금요일 밤은 이제 강 건너 갔다. 토요일 아침7시에 평촌 CBMC(실업인선교회) 모임을 갖기 때문이다. 이 귀한 모임의 지도목사로서 기업을 운영하는 사장님들과 함께 말씀을 나누고 기도의 시간을 갖는다.

그날도 어김없이 토요일 이른 아침에 우리는 모여서 은혜로운 말씀을 나눴다. 그리고 아침식사를 하면서 오늘 호세아서 공부를 끝냈으니 번개팅을 하자고 한다. 사전에 계획되고 미리 예고된 것이 아니라 이렇게 갑자기 하는 것이 번개란다.

오늘 점심은 번개팅으로 멀리 나들이 가자는 재미있는 말에 따라 나섰다. 더군다나 유명한 곳에 간다기에 봄 햇살을 즐길 겸 함께 탑승했다. 목적지는 군산, 그곳에 기가 막힌 게장이 있다는 것이다. 드디어 군산의 '계곡가든'이라는 음식점에 들어섰다. 손님들이 제법 벅적거렸다. 무슨 맛으로 여기까지 왔을까 기대가 되기도 하였다. 그러나 게 맛을 보기도 전에 나에게 감동을 주는 것이 있었다. 신발장에 신을 벗어 넣으려고 하는데 눈에 크게 들어오는 글귀가 있었다. "신발은 저희가 책임지겠습니다. 걱정 마시고 식사 맛있게 드십시오." 그 밑에 더 큰 글씨가 보였다. "신발 분실 시 100% 책임지겠습니다." 멋진 글귀였다. 감동을 주는 말이었다.

일반적으로 책임질 수 없으니 손님에게 잘 보관하라는 것이 보통인데 여기는 그렇지 않았다. 손님 입장에서, 고객 편의를 위해서 섬기는 모습에 모처럼 반가웠고 좋았다.

호기심이 발동하여 음식 먹는 것이 문제가 아니라, 카운터에 가서 물어보았다. 대부분은 음식점에서 책임지지 않는다고 겁(?) 주는데 여기는 어떻게 정 반대냐고, 정말 주인이 책임져 주느냐고 물었다. 당연히 그렇단다. 오시는 손님에게 기분 좋게 해 드려야 한다는 것이다. 신경 쓸 필요 없이 기분이 좋아야 맛있게 음식도 드실 수 있다는 것이다, 그리고 어차피 신발을 분실하게 되면 업소가 전혀 책임을 면할 수 없다는 것이다. 이왕이면 기분 좋게 우리가 100% 보상해 준다는 것이다.

고객에게 감동을 주기에 충분했다. 그래서인지 더욱 맛이 일품이었다. "게 맛, 역시 이것이 게 맛이야~"라고 하면서 아주 즐거운 시간을 갖게 되었다. 역시 그는 신앙생활을 하는 믿음의 가족이었다. 더 반가웠다. 다음에 또 오기로 약속을 했다.

봄기운의 새싹을 마음에 간직하면서 신발장과 또 그 게 맛의 감동이 지금도 향기로움으로 내 안에 머물고 있다.

2010년 3월 24일

고난 뒤에 찾아오는 부활 —이제 끝이 났습니다

조롱과 침 뱉음까지의 온갖 참기 어려운 모욕을 당해야 했다. 채찍과 창, 대못, 가시 면류관의 그 상처와 고통은 이루 말할 수 없을 정도였다. 이 고난을 힘들다고, 아프다고, 어렵다고, 싫다고, 내 뜻이 아니라고, 전혀 거부할 수 없었던 것이다. 결국에는 죽기까지의 그 고통을 감수해야만 했다. 이와 같은 예수 십자가의 고난은 이 세상 그 무엇과도 비교할 수 없을 정도의 최고 최악인 큰 고통이었다.

그러나 그 고통과 고난은 그대로 끝난 것이 아니었다. 그냥 그렇게 계속 머무를 수 없었고 결국은 다 이겨냈다. 다시 살아났으며, 부활로 이어 나갔던 것이다. 완전한 승리로 끝난 것이다. 이것이 십자가의 원리다. 이것은 지금도 우리의 삶에 그대로 적용되는 것이다.

지난주에 우리에게는 엄청난 고난이 닥쳐왔다. 국방의 의무를 자랑스럽게 감당하던 105명의 우리 해군 천안함이 백령도 해상에서 침몰됐다. 그리고 수많은 인명피해를 입었다.

지금도 그 772함대에 남아있는 그들이 수행해야 할 마지막 명령은 모두가 대한민국으로 즉시 귀환하라는 것이다. 오직 명령에 의하여 살아가는 군인들임에도 아직 우리 모든 국민의 그 간절한 명령을 들었는지 말았는지 대답도 없다.

그들을 구하려고 진정한 군인의 모습으로 그 깊은 바다 속을 뛰어든 UDT의 한주호 준위가 순직함으로 그 고통은 더 처절하기 까지 했다. 그리고 민간인 저인망 어선까지 동원되어 힘을 모았으나 또 침몰, 실종되어서 엎친데 겹치고 안타까움을 더하게 했다. 그 아픔과 눈물의 고통은 아직도 전 국민의 가슴을 메이게 하며 커다란 충격과 고통으로 고스란히 남아있는 것이다.

이러한 고난과 아픔의 때가 바로 사순절 기간이었고 마지막 고난주간을 향하는 시간이었다. 그래서인지 고난주간은 우리에게도 예외 없이 역시 고난의 연속이었다. 우리 모두가 감내하기 어려울 정도의 말할 수 없는 큰 고통이었던 것이다.

그러나 이제는 끝이 났다. 사순절이 지나갔고, 고난주간도 가 버렸다. 이미 어마어마한 엄청난 고통의 시간은 흘러갔으며, 드디어 우리에게는 부활의 날이 찾아온 것이다. 십자가의 원리에 따라 우리의 삶에도 마침내 그 날이 도래한 것이다. 고난과 그 고통을 뚫고 부활의 새 생명으로 다시 이 땅위에 임하게 된 것이다.

지금 우리에게는 그 끔직한 고난이 끝난 것이다. 예수 부활로 완벽하게 승리했고 온전히 다 해결된 것이다.

이제 우리 모두 고난을 뒤로하고 새 생명의 부활을 노래하며 더욱 힘차게 나아가자. 십자가 고난을 지나 찾아온 부활의 승리가 대한민국의 땅과 하늘과 바다위에 출렁이고 있는 것이다. 예수 그리스도의 고난을 이기고 다시 사신 부활의 생명과 평강이 샘솟는 향기로 온 누리에 가득 채워지기를 소망하며 두 손 모아 주님께 기도한다.

2010년 4월 11일

전통시장과 교회!

1984년도에 서울에서 교회를 개척하고 20년 동안 열심히 섬기며 교회 건축까지 했다. 그리고 아쉬움을 뒤로하고 2004년도 이곳 안양으로 왔다. 이곳에 온지도 어언 6년이 되었다. 역시 시간은 잘도 간다. 어느새 내 나이 50이 훨씬 넘었으니 시속 50km 이상의 속도를 제법 내고 있는 것이 실감이 난다.

이곳 안양에는 서울에서 쉽게 경험하지 못했던 재미있는 것들도 많이 있다. 조금만 걸어가고 또 10분만 차를 타고 나가면 어디든지 다 갈 수 있다. 토속음식을 비롯하여 다양한 음식점들이 있고, 안양천을 따라 걷거나 뛰며, 자전거도 탈 수 있다. 또 부담 없이 산을 오르며 간단하게 등산도 할 수 있다. 번화한 시내가 있어 도시의 맛을 느끼기도 하지만 아직 개발되지 못한 옛 모습의 운치도 남아있다. 그래서 정이 아주 많이 들었고 아내도 좋아한다. 더군다나 우리 집을 나가면 아무 때나 부담 없이 몸을 푹 담글 수 있는 사우나가 코앞에 있고, 대형마트가 있고 또 개천의 산책로와 등산로도 있으니 더 좋아한다.

무엇보다 이곳에 매력이 있는 것이 있다. 화려한 분위기의 쇼핑몰이 아닌 시골스런 시장이 있어 더 좋은 것이다. 소위 우리가 말하는 재래시장이다. 여기에 가면 주머니 사정에 전혀 부담이 없어서 좋은 곳이 된다. 혹 외국에 나가도 큰 백화점에 가면 제법 비싼 가격에 우리 수준에는 잘 안 맞을 때가 많다. 그래서 외국에서도 즐겨 찾는 곳이 재래시장이다.

이제는 재래시장을 뛰어넘어 전통시장이라는 이름으로 나름대로의 특징이 있다. 여기에는 적어도 세 가지의 전통을 이어가고 있는 것이 있다. 그래서 시장으로서의 구실을 제대로 할 수 있는 3가지가 반드시 있게 마련이다.

첫째는 볼거리가 있다. 여기저기 다니면서 이것저것 마음대로 볼 수 있는 거리가 있는 것이다. 구경만 해도 본전은 뽑는 것이 되고, 한나절이 다 가 버린다.

두 번째는 먹을거리가 있다. 역시 뭐니 뭐니 해도 금강산도 식후경이라고 먹을거리가 있어야 시장이다. 그것도 아주 값싸고 푸짐하게 먹을 수 있기에 더 좋다.

세 번째는 살거리가 있어야 한다. 아무리 시장이지만 물건 하나 제대로 살 것이 없다면 곤란하다. 좋은 물건을 아주 싸게 살 수 있는 살거리가 있는 곳이 바로 전통시장인 것이다.

여기에 하나 더 추가되는 것이 있다. 즐길 곳이 있어야 한다. 결국 마지막은 즐겁고 기쁘게 시장을 나서게 해야 한다.

시장이건 어디이건 재미있어야 다음에 또다시 찾아오게 되는 것이다. 그래서 즐길 곳이 있고 이를 만들어 놓은 곳이 바로 안양에 있는 전통시장이다. 그리고 우리 교회도 이와 같이 전통시장처럼 함께 웃고 은혜를 나누며 또 오고 싶은 교회가 되고 있기에 감사하다.

2010년 4월 25일

준형이의 봄과 인생

우리교회에 초등학교 3학년짜리 준형이가 있다. 어려서부터 언제나 엄마를 따라 교회를 다녔다. 사실 다닌 것이 아니라 그냥 엄마와 늘 붙어서 교회에 오갔던 것이다. 모든 예배와 봉사에 빠짐없이 충성하는 엄마인지라 준형이는 일 년 내내 교회에 거의 빠지지 않는 충실한 교인이다.

눈이 오나, 비가 오나, 추우나, 더우나 언제나 엄마와 함께 다녔기에 준형이는 더운 것도, 추운 것도, 계절의 변화를 누구보다 잘 알고 있는 것이었다.

4월 어느 날, 준형이가 하루는 심각하게 엄마에게 물어본다.

"엄마, 참 신기해요, 봄인데 왜 눈이 와요? 날씨가 왜 이렇게 추워요? 또 비도 와요? 무척 덥기도 하구, 여름인 것 같아요, 봄에는 겨울과 여름이 다 들어 있어요?" 그러면서 하는 말이 "아~ 봄에는 뭐든지 다 들어있구나, 추운 겨울도 있고, 무더운 여름도 있고, 다 들어있어요." 라고 묻는 건지, 혼자 중얼거리는 것이다. 자기가 보고 느낌을 그대로 말하고 있는 것이었다.

가만히 듣다보니 정말 신기한 봄 날씨였으며 준형이의 말이 맞다. 공감을 하게 된다. 정말 봄에는 여름, 가을, 겨울도 다 들어있는 것 같았다. 그 어느 해 보다 유난히 금년 봄은 더욱 그러했다.

그래서 4월의 봄을 '잔인한 달'이라고 했던가 보다. 준형이의 봄처럼 종잡을 수 없는 4월이었던 것이다. 날씨처럼이나 온갖 사고 사건으로 우왕좌왕 힘들게 했던 계절이었다. 따스한 봄 햇살에 갑자기 천안함 사건이 터졌다. 하루아침에 전 국민의 온 땅이 한겨울의 몰아닥친 한파처럼 꽁꽁 얼어붙었고, 우리 모두의 마음을 사정없이 가슴 아프게 또 한없이 울게 만들었던 것이다.

마치 새싹이 돋고, 꽃봉오리가 나오고, 꽃이 피는 봄인가 했더니 갑자기 닥친 눈과 추위로 그만 아수라장이 되었지만 그러나 죽지 않고 다시 나와 봄을 만끽하며 신록의 향기를 내 뿜고 있는 것이다. 아무리 발목을 붙잡고, 늘어졌어도 결국 이런저런 잔인한 4월의 아픔들은 뒤로하고, 어느새 푸르름과 행복한 가정의 달을 맞이하게 된 것이다.

지금 우리 앞에는 5월의 다양한 아름다운 날들이 있다. 어린이날을 시작으로 어버이날, 입양의 날, 스승의 날, 성년의 날, 발명의 날, 세계인의 날, 부부의 날 등으로 계속 우리 모든 사람들을 행복하게 하는 것이다. 이처럼 아름답고 귀한 5월이 우리에게 있기에 아마도 4월의 봄은 그토록 시샘이라도 하듯 힘들게 했는지도 모른다.

사실 인생의 한 계절 안에는 다양한 색채의 4계절이 다 들어있다. 언제나 따스한 봄 햇살만 있는 것이 아니다. 인생은 그렇다. 다양한 색깔로 옷 입고 또 시시때때로 바뀌고 변화하는 과정 속에서 삶의 아름다움은 만들어지고 영글어가고 있는 것이다. 그리고 더욱 그 인생은 빛이 나는 것이다. 자랑스러운 인생이어라!

2010년 5월 16일

아름다운 밤

아름다웠던 밤이 생각난다. 내가 자란 시골의 밤은 그랬었다. 한여름 저 멀리 논두렁에서개구리 울음소리가 시끄럽기 보다는 아름다운 밤의 멜로디로 들렸고, 긴 여름밤에 아낙네가 모깃불을 피워놓고 젖가슴을 내 놓아 그 품안에 새근새근 잠들고 있는 아가 모습의 밤이 아름다웠다.

시골길의 밤하늘 별빛을 바라보면서 헛디딜까 조심하며 한발씩 내딛는 논두렁, 밭두렁의 좁은 길을 걷는 밤이 아름다웠고, 누나와 손을 잡고 내 고향 무실리 청골고개를 넘던 그날 밤도 아름다웠던 추억으로 기억에 남는다.

그 어두움의 캄캄함 속에 빛나는 별이 있었기에 아름다웠다. 그리고 그 별빛 속에 모닥불 피워놓고 사랑하는 연인과 함께 지새우는 밤, 그와 함께 모닥불 쬐며 마주 앉아 이야기를 나누는 밤, 하늘의 별들만큼이나 수많았던 우리들의 이야기들이 있어서 아름다웠다.

차가운 방 윗목에 엎디어서 라디오에서 흘러나오는 밤하늘의 음악편지 소리로 잔잔한 클래식과 팝송의 소리가 들리는 밤이었기에 아름다웠던 것이다.

그러나 오늘은 모처럼 유난히 더 아름다운 밤이었기에 지금도 잊을 수 없다.

사랑하는 최글 형제가 복무하는 ○○부대를 다녀왔다. 그날 밤은 무척이나 아름다운 밤이었다. 우리 교회 40명의 식구들이 대형버스에 몸을 싣고, 저 멀리 경상도 창녕에까지 달려갔다. 한낮에 떠났지만 아스라이 어두운 밤으로 바뀌었고, 그곳에서 국군장병들과 아우러져서 싱싱한 어린아이부터 패기의 젊은 학생, 아름다움을 함께 지닌 매력의 청년, 젊은 누나처럼 그리움의 정감으로 마음을 빼앗는 여선교회까지 총동원되어 그들과 함께 하는 밤이었다.

다양한 컨셉으로 신나게 찬양과 워십, 나는 또 생명의 말씀을 힘있게 전했다. '내가 너를 지명하여 불렀나니 너는 내 것이라' '두려워 말라'였다. 또 뜨겁게 기도했다. 그리고는 역시 먹는 게 좋아 우리가 직접 만든 햄과 야채, 계란 프라이로 최고의 맛을 낸 샌드위치와 음료를 나눠줬다. 우리는 함께 '아자~'하며 기념촬영도 했다.

어느새 'Good Night!' 헤어지는 밤이 되었다. 어째서 굿이 될 수 있는가? 그러나 우리에겐 정말 굿 그리고 아름다운 나잇이었다. 사랑하는 저들을 뒤로 하고 헤어지는 밤이 우리에게는 참으로 아름다웠다. 시골길을 헤치며 달려 나오면서 옛날 내 고향에서 보았던 칠흙 같은 어두움과 밤하늘의 총총한 별들을 다시 볼 수 있었다.

그들의 기뻐함과 즐거움 그리고 감사함과 창화함의 소리(사 51:3)가 계속 우리들의 마음을 적시고 있었다. 늦은 밤 우리는 상경하여 내일의 출근이 걱정되기도 했지만, 피곤도 잊은 채 이 아름다운 밤이 있었기에 함께 있어 행복해 했다. 너무 멋진 밤이었다.

2010년 5월 30일

나는 심부름꾼입니다

이런저런 자기 의견들이 많다. 당연히 목사로서 누구의 의견을 따르기도 어렵고, 그렇다고 내 뜻이 이러하니 이렇게 하자고 강조하기도 쉽지 않다. 입장이 난처할 수밖에 없다. 사실은 담임목사로서의 분명한 계획과 나름대로 비전도 있지만 그러나 매우 조심스럽다.

이것이 목회의 어려움이다. 서로의 의견이 다르고 갈리게 될 때에 잘못하면 교인들이 상처를 입기도 하고, 극한 상황에 가면 교회가 힘들게 되는 경우도 없지 않아 있기 때문이다.

한참동안이나 이야기를 나누고 의견을 서로 내놓았지만 자기 생각들이 강하고, 오히려 목청만 높아진다. 쉽게 정리될 것 같지 않아 회의를 마쳤고, 당연히 결론도 없다. 아쉬움만이 남아 있을 뿐이다.

어느 날 아내가 김 집사와 얘기를 나누다가 "집사님 생각은 어떠세요?"라고 물어보았다. 그의 대답은 두고두고 명 대답이었다. 나에게 감동이 되었고, 지금까지 내 마음에 간직되어 있다.

"심부름꾼은 생각이 없습니다. 내 생각이 있으면 심부름 절대 못합니다." 그의 짧은 대답에 은혜가 되고, 깊은 의미를 찾을 수 있었다. 정말 그렇다. 심부름꾼이 자기 의견 있으면 안 된다. 심부름꾼은 주인이 시키는 대로 그냥 해야만 한다. 주인이 말하는 대로 하면 되는 것이다. 자기 생각 들어가면 좋은 심부름꾼 될 수 없고, 사실 심부름꾼이 아니다.

평소에도 김 집사의 생각은 언제나 그러했다. '나는 교회 심부름꾼입니다. 그래서 목사님께서 또 교회에서 시키는 대로 하면 됩니다. 말씀에 따라 그대로 할 뿐이지, 내 뜻, 내 생각, 내 고집이 없습니다. 아니 있어도 절대로 앞세우지 않습니다. 교회에서는 모두가 심부름꾼인 것입니다'

사실 우리 모두는 심부름꾼에 불과한데 자꾸 자기 의견, 자기 생각을 고집하고 있는 것이 문제다. 하나님 앞에 어느 누구를 막론하고 심부름꾼인 것이다.

1984년 12월 서울 사당동에서 교회를 개척하여 목회를 시작했다. 서리 전도사로 또 대학원을 마치고 준회원에 허입하여 목사안수를 받았다. 드디어 성례예식을 거행할 수 있게 되었다. 첫 세례자들이 하나님 자녀 됨의 은혜로 기념예물을 드렸고, 그 30,000원을 가지고 자랑스럽게 담임목사 명패를 만들었다.

그 당시 개척을 통한 온갖 어려움의 과정을 지내면서 깨달은 것이 있었다. 지금도 그 믿음은 동일하다. '목회는 내가 하는 것이 아니다.' '교회는 내가 주인이 아니다.' '나는 이 시대에 사명자로 부름 받은 하나님의 종일뿐이다.' '철저하게 성령님의 종이 되어 그분이 가라하면 가고, 서라하면 서야한다.' '주님이 시키는 대로만 하면 되고 또 그렇게 해야 한다.'

신실한 심부름꾼으로 주의 일 감당하기를 소원한다.

2010년 6월 13일

늙은 닭과 교회!

늙은 닭은 알을 낳지 못하고 고기가 질겨서 맛도 없고 그래서 아무 쓸모가 없다고 말을 하기도 한다. 그런데 재미있게도 오래된 교회와 성도를 빗대어 그렇게 표현을 하기도 한다. 늙은 닭처럼 오랜 교회일수록 성도들이 전도도 못하고, 완고한 고집의 성품을 가지고 있다는 것이다. 별로 좋은 의미로 하는 말이 아닌 것이다.

지난주에 인천의 106년 된 교회에서 부흥회 집회를 인도했다. 소위 늙은 닭에 걸 맞는 오래된 교회인 것이다. 그럼에도 보통의 상식과 우리의 생각과는 전혀 달랐다. 그렇게 오래되었으니 소위 늙은 닭의 성도들이 많고, 그럴 수도 있겠구나 했는데 아니었다. 반신반의했던 기대와는 완전히 달랐다. 교회가 오래되었다고 그런 것은 결코 아니었다. 그들은 신앙의 뿌리와 오래된 경륜을 가지고 믿음의 연속성으로 아브라함의 영적 계보가 아름답게 이어져 가고 있었다. 대를 이어서 교회 기둥으로 그 역할을 잘 감당하고 있었으며, 오히려 온유한 성품으로 잘 섬기며 피차 배려하는 모습이 역력했다. 영적 질서가 바르게 잡혀져 있기에 매사가 일사불란하게 진행되며 감동을 주기에 충분했다. 마치 어린아이처럼 처음의 그 순수한 믿음을 그들은 지니고 있었다. 소녀의 해맑은 웃음으로 정성을 다하는 부드러움의 인간미까지 있었기에 참으로 귀했다. 복음 들고 어디든지 가오리다 전도하며 이웃과 함께 나누고 또 봉사하면서 쉴 새 없이 움직이며 헌신하는 모습을 보면서 큰 은혜를 받았다.

그렇지만 사실 그들이 언제나 그러한 교회였던 것은 아니었다. 수년전에 목사님이 새로 부임하면서부터 달라지기 시작했던 것이다. 복음의 열정과 하나님을 향한 열심으로 변화되고 교회 분위기가 바뀌다보니 점점 주님 닮은 성품이 된 것이다. 그리고 날마다 새로운 영혼들로 채워지기 시작했던 것이다. 이제는 완연히 늙은 닭의 모습은 전혀 없고 그 틀을 벗어나 초대교회의 뜨거움과 영적 활력이 넘쳐나고 있는 것이었다.

역시 사람은 누구를 만나느냐, 어떻게 훈련받느냐에 따라 얼마든지 변화되고 새로운 존재가 될 수 있는 것을 실감했다. 목회자 한 사람으로 교회 전체가 충만한 은혜로 변화되어 질적 양적으로 부흥되어가는 모습을 보면서 같은 목회자로서 느낀 감회가 크다.

지금 우리 한국교회는 진정한 영적 지도력이 필요한 때이다. 부름 받아 세워진 교회의 지도자들을 통하여 한국교회를 다시 한 번 새롭게 살려야 할 것이다. 자기 울타리를 치고 이런저런 아귀다툼과 자리를 차지하기 위한 쉼 없이 일어나는 싸움이 더 이상 지속되면 안 된다. 106년의 그곳 교회와 성도는 지금 물 만난 고기처럼 생기가 있고, 즐겁고, 행복했다. 이제는 한국 교회가 제 구실을 다하는 참 기쁨이 되어야 할 것이다. 이 시대에 세우주신 영적 지도자들의 책임이 그만큼 큰 것이기에 겸손히 주님께 무릎을 꿇어 본다.

2010년 6월 27일

하와이의 기도

부족한 종이 하와이 기독교교회협의회 초청으로 성회 인도 차 하와이를 다녀왔다. 그곳 회장님을 비롯하여 많은 임원들이 수고를 아끼지 아니하였고 은혜롭게 성공적인 성회를 마칠 수 있었기에 감사를 드린다.

그곳에는 120만 정도의 사람들이 살고 있다. 그중 4~5만이 한국인들이며 80개 정도의 한인교회가 있다. 그곳 교회의 현장을 실제로 보면서 오히려 나에게 더 큰 은혜와 깨달음이 있어서 더 좋았다.

그동안 미전도 종족이나 우리가 선교하는 지역을 위하여 기도를 해 왔지만 사실 지금까지 단 한 번도 하와이를 위하여 기도하지 않았고 솔직히 관심도 없었다. 다만 아름다운 자연환경의 관광지며 유명한 신혼여행지로만 알고 있었을 뿐이었다.

그러나 이제는 생각이 달라졌다. 그리고 하와이가 기도제목이 되었다. 금번 하와이 연합성회를 통하여 기도의 영역이 더 넓어진 것이다. 그리고 하와이를 위한 나의 기도제목이 추가되었다. 기도할 수 있다는 것은 행복한 것이다. 기도제목이 더 생긴다는 것은 그만큼 더 축복의 삶으로 풍성해 지는 것이다. 그러기에 감사하며 우리 함께 하와이를 위한 기도를 할 수 있으면 좋겠다.

이 장로님이 계셨다. 암으로 누워계셨다. 중환자실에 드나들며 상태가 좋지 않았다. 담임목사님의 믿음과 간절함으로 그곳 병상에 까지 찾아가서 기도했다. 뜨거운 눈물로 치유하시며 응답하심을 느꼈다. 장로님을 위한 중보기도가 계속 필요하다. 이제 살아계신 하나님을 체험하고 하나님의 방법으로 치유되어 교회의 기둥이 되기를 기도한다.

한 영혼을 위한 담임목사님의 간절한 눈물과 헌신이 참으로 아름다웠고 감동받기에 충분했다. 선한 목자의 심정으로 맡겨진 양을 위한 섬김과 주님 마음으로 목회하는 모습이 내 안에 남아있는 것이다. 습관적이고 형식적인 기도와 목회에 새로운 다짐과 도전을 받게 되었다. 신실한 주의 종으로 부름 받은 사명을 잃지 않도록 기도하고 있다.

그들은 영적으로 갈급해하고 있었다. 그리고 마음껏 기도하기를 사모하고 있었다. 그러나 우리와 같은 기도원이 없었다. 한국은 아무 때나 마음만 먹으면 원근각처의 기도원을 찾아 부르짖을 수 있는데 그곳은 그렇지가 않았다. 뜨겁게 울고 부르짖을 수 있는 기도원을 꿈꾸는 모습을 보면서 이를 위하여 기도하고 있다.

미국교회를 빌려서 한인교회로 예배를 드리는 곳이 있었다. 시간당 얼마를 내고 사용하고 있다. 주일은 물론 정해진 시간에만 사용할 수 있기에 예배까지도 시간의 제약을 받아야만 하는 것이다. 내 교회라지만 마음대로 드나들 수 없었다. 자유롭게 예배할 수 있는 내 교회를 소망하는 그들을 위하여 기도하고 있다.

2010년 7월 11일

엄청난 이윤의 바자회

마음이 들떠있다. 아동부는 방학을 맞이하여 그토록 기다리던 비전트립의 날이 다가오고 있기 때문이다. 34명이 신청을 하여 매일 밤 기도회로 모이고, 프로그램을 준비하며 선교의 꿈을 그리며 준비하고 있는 것이다.

지난주에는 이를 위하여 바자회를 했다. 여선교회에서 또 다른 부서, 어른들이 한 것이 아니다. 아이들이 했다. 아동부에서 주최한 중국 비전트립 선교비 마련을 위한 바자회였다.

그동안 엄마들이 하는 것을 보았기에 저들은 흉내를 곧잘 내고 있었다. 그렇다고 아동들에게만 둘 수 없기에 교사들과 어른들이 금요일 저녁 철야기도회를 앞두고 많이 모였다. 그리고 먹을거리를 해야 수입이 좋다고 한다. 우리가 도와주어야 한다면서 아이들이 좋아하는 떡볶이, 핫도그, 부침개, 식혜 등의 다양한 먹거리를 준비하며 법석을 떤다. 이제는 아이들 보다 어른들이 더 신나해 한다.

날씨가 좋아야 하는데 비가 온다는 일기예보가 있다. 빡세게 기도해야 한다고 또 피곤한 몸을 이끌고 지치지도 않고 늦게까지 기도를 한다. 이 모든 광경을 보면서 정말 아름다웠고 심히 좋았다.

아이들이 이것저것 물건들을 그동안 많이 모아왔다. 크고 작은 다양한 옷가지를 비롯하여, 자기가 아끼던 게임기, 장난감들을 가지고 왔다. 그리고 책, 학용품, 평소에 좋아하던 물건들을 가지고 왔다. 이에 감동이 되어서 어느 분은 아주 좋은 값비싼 물건들도 기증을 해 주었다.

'천원이요, 오백원이요, 만원이요' 제법 아이들이 좋아라 소리도 지른다. 어설프지만 물건을 포장하며 친절하게 인사도 잘 한다. 지나가는 많은 사람들이 무슨 일인가 구경도 하고, 기특해 하며 박수를 보내기도 한다.

또 어린이들이 한다는 그 성의에 고마워서 시원한 아이스티 한잔을 마시고는 거금의 액수를 내 놓는 분들도 있었다.

하루 종일 고생들을 많이 했다. 그러나 사실은 그렇지 않다. 이윤보다 더 중요한 것이 있다. 세상에서는 이익을 많이 내고, 이윤이 많아야 되지만 교회는 그렇지 않다. 이윤의 많고 적음의 장사가 아닌 것이 교회다. 교회에는 눈에 보이는 그것보다 더 중요한 것들이 있기 때문이다.

믿음의 사람들이 함께 모여서 손을 모으고 협력하는 그 자체가 귀한 것이며, 이것들은 돈 이상으로 값진 이윤이 되는 것이다. 성도들과 자녀들이 어우러져서 마음을 모아 웃고 봉사하는 최고의 이윤을 남겼다. 아동부 바자회를 통하여 교회가 화목으로 하나가 된 것이다.

주님이 앞서 행하시며 일하고 계심에 가슴이 설레고 있다.

내일의 꿈나무들이 비전을 품고, 세계열방을 향하여 꿈틀거리는 그 하나 됨에 우리는 엄청난 이윤을 남긴 바자회를 했던 것이다.

2010년 7월 25일

돌발 위기상황의 비전트립!

한 주간동안 아동부 비전트립으로 34명이 중국을 다녀왔다. 북한 두만강을 바로 앞에 두고 있는 동평농장에서 CDP(기아대책의 중국 어린이와의 1:1 결연 프로그램) 사역의 학생 30여명과 함께 '좋은 친구'라는 주제로 캠프를 했다. 아주 짧은 2일간의 아름다웠던 시간을 마치고 우리는 아쉬운 석별의 정을 나눠야만 했다. 우리의 눈에서 그들이 사라지기까지 눈물을 훔쳐야만 했다.

그들을 떠나보내고 나자 바로 돌발 위기상황이 닥친 것이다. 그동안 오락가락 제법 많은 비가 왔는데 농장으로 들어오는 다리가 폭우로 범람 한 것이다. 양쪽에 줄을 매서 붙잡고 오가려 했지만 아주 센 물살에 어림도 없었다.

시장을 보러 나갔던 김 선생은 길이 막혀 한참이나 빗속에서 두려움의 공포에 있었던 것이다. 마침 생전처음 흙을 파 올리는 큰 굴삭기 차를 타게 되었고, 흙 담는 커다란 바가지에 사람을 실어서 시퍼런 흙탕물이 세차게 흐르는 강물위로 날랐다.

아침이 되어 눈을 떠 보니 혹시나 했던 염려가 이제는 현실이 되었다. 다리를 완전히 넘어 도로에까지 물로 가득 덮여서 아예 길도 없어졌다. 우리의 숙소 마당에 까지 침입하였고, 흙으로 둑을 만들어 물의 침입을 막아 놓았다. 그렇지만 우리는 완전 고립이 되었다.

초등하교 어린이들과 함께 어떻게 이 위기를 탈출할 것인가? 마냥 물이 빠지기를 기다릴 수도 없었다. 물이 줄어드는 것이 아니라 계속 더 차오르고 있기 때문이었고, 일기예보는 계속해서 비가 온다는 것이었다.

결단을 내렸다. 산을 넘어 그곳을 탈출하기로 했다. 혹시 어떻게 전개될지 모르기에 우리의 짐은 그냥 다 놔두고 몸만 빠져나가기로 했다. 탈출계획을 세웠다. 그리고 명령을 내렸다. 제1호는 안전이다. 우선 가장 안전하도록 복장을 갖추고, 대열을 각 조별로 진행하도록 했다. 제2호는 비상식량이다. 목마름과 허기로 체력이 소진되면 안 되기 때문이다. 비상식량을 나눠줬다. 오이 2개씩이다. 그리고 초콜릿 한 개씩, 또 빵 하나씩 챙겨 주었다. 제3호는 언제 우리의 짐을 찾을지 모르는 상황이라 추위에 떨지 않도록 비상 옷가지를 챙기도록 했다.

이제 맨 앞에는 가장 건장한 선생님이 낫을 들고 한발한발 산속을 헤치며 나아가기로 했다. 나는 맨 뒤에서 앞서가는 그들을 감시하며 혹시 낙오자가 발생할지도 모르기에, 가끔씩 야호를 외치며 또 찬양으로 위로하고 힘을 주었다.

앞에서 신호가 온다. '여기는 위험지역' 또는 '뒤로 후퇴'의 명령을 한다. 길을 잘못 들어선 것 같다면 군소리 없이 잔소리 않고 그대로 따른다.

우리들에겐 무조건적인 순종만 있었을 뿐이다. 그 결과 단 한사람의 낙오자 없이 대탈출 성공이었다. 위기의 돌발 상황에서의 일치된 마음과 질서, 그리고 철저한 순종을 통해 일궈낸 잊을 수 없는 우리의 멋진 비전트립이었다. 순종의 위력을 배웠다.

2010년 8월 15일

무서운 사람들!

요즘에 가끔씩 정말 무섭게 느껴질 때가 있다. 무서운 사람들 때문이다. 물론 좋은 사람들이 훨씬 더 많다. 그래서 만나고 싶고 또 함께 있어 행복한 사람들이 너무나 많다. 우리교회는 늘 함께 있어 행복한 교회라며 언제까지나 함께 있고, 함께 기도하고, 함께 사랑을 나누며, 함께 신앙생활하면서 행복을 느끼며, 행복하게 살아가고 있다.

그러나 함께 할 수 없는 무서운 사람들이 점점 더 많아지는 것을 느낀다. 성추행자들이 주위에 있는 것을 보면서 무섭다고 느껴진다. 자녀들을 마음껏 학교에서조차 뛰어놀게 할 수 없고 길거리를 오갈 수 없는 지경에 까지 되었으니 말이다. 온갖 사고와 살인사건을 보면서 무섭다라는 것을 느끼게 된다. 마음이 아프다.

그러나 최근에 정말 무서운 사람들을 알고 발견하게 되었다. 사실 겉으로는 전혀 모른다. 오히려 자기는 더 거룩한(?) 척 하지만 실상은 그로인해 너무도 많은 사람들에게 상처와 아픔, 고통을 주고 오히려 누명을 뒤집어 씌어서 피해를 입게 하는 것을 많이 보았다. 역으로 상대방에게 거짓말 한다고 계획적인 권모술수에 그만 순진한 사람들은 당하고 만다. 법정에서도 그렇고, 정말 어이없이 거짓말 앞에 당하는 억울한 사람들이 너무 많다는 것을 배우고 있다.

사실 잘 이해가 안 가는 하나님 말씀이 있었다. 요한계시록 21:8에 "두려워하는 자들과 믿지 아니하는 자들과 흉악한 자들과 살인자들과 행음 자들과 술객들과 우상숭배자들과 모든 거짓말하는 자들은 불과 유황으로 타는 못에 참예하리니 이것이 둘째 사망이라"는 말씀이 다. 지옥에 갈 사람들이 나열되고 있는 것이다.

얼마나 나쁘고 잘못된 사람이면 지옥에 가겠는가? 그런데 그중에 '거짓말 하는 자들'이 포함되어 있다. 잘 이해가 안 갔다. 그렇게 거짓말하는 것이 지옥에 갈 정도의 나쁜 사람인가?

이제는 충분히 이해가 가고 알 것 같다. 정말 가장 무섭고 나쁜 사람들이 무엇보다 거짓말 하는 사람이라는 것을 이제야 알게 되었다. 금방 말해놓고도 언제 그랬냐고 완전히 말을 바꾸고 거짓말로 오히려 상대방을 공격할 때는 정말 어이가 없다. 사람이 어떻게 그럴 수가 있는가, 짐승은 거짓말이 없다. 식물도 거짓말이 전혀 없다. 사람에게만 거짓말이 있고 그래서 그 거짓말 하는 자가 불과 유황의 둘째 사망에 참예한다는 하나님 말씀이 실감이 나며 진리인 것이 느껴진다.

요한복음 8:44에 "마귀는 진리가 그 속에 없으므로 진리에 서지 못하고 거짓을 말할 때마다 제 것으로 말한다. 이는 저가 거짓말쟁이요 거짓의 아비가 되었다"라고 말씀하고 있다. 이 세상의 사람들이 거짓의 왕 사단에게 더 이상 속지 않고 이제는 거룩한 진리의 하나님 말씀으로 무장하여 아름다운 사람들, 진실한 세상을 만들어가는 주역이 되었으면 정말 좋겠다.

2010년 8월 29일

차라리 고난이?

지난 8월말 인천 송도에서 기아대책 전국 이사 세미나가 있었다. 그곳에서 어느 현지인 선교사의 고백과 간증을 들으면서 지금도 은혜가 되고 있다.

편안하고 아무런 제재가 없을 때에는 그 나라의 그리스도인들이 6,000명 정도였다고 한다. 그러나 지금은 그 어느 때보다 박해와 핍박이 심하다고 한다. 이슬람권의 나라인지라 믿는 자들을 힘들게 하고 있는데, 신기한 것은 이러한 어려움의 환란이 있게 되자 오히려 더 많은 그리스도인이 생기게 되었다는 것이다. 그래서 지금은 약 70만의 그리스도인들이 있다고 한다. 지금도 여전히 그 박해는 심하지만 계속해서 진실한 그리스도인은 증가하고 있다며 기도를 부탁하는 것이었다.

그가 감옥에 붙잡혀 들어갔을 때의 일이란다. 의자에 앉혀놓고 고문을 하며 조사를 하고 있을 때였다. 겁을 주고 협박을 하며, 지금 당신이 앉아있는 그 의자가 어디인지, 누가 있던 곳인지 아느냐? 거기에서 수많은 그리스도인들이 죽어갔다면서 협박을 하더라는 것이다.

그런데 그러한 말에도 전혀 두렵지 않았고 겁이 나지 않았다는 것이다. 오히려 그러냐? 감사하다. 앞서간 믿음의 순교자들처럼 나도 그 뒤를 따라 이 자랑스러운 의자에 앉아 있겠다. 고문으로 어려움을 당하고 죽음을 당한다 할지라도 이것 또한 영광이라는 생각이 들며 힘이 나더라는 것이다.

지금 우리의 현실을 되돌아보면 어떠한가? 너무 안일하지 않는가? 사실 편안하다. 어려움이 없다. 자유롭다. 그래서인지 사모함이 사라진다. 열정도 식어졌고, 간절함이 없다. 목회자나 성도나 크게 다를 바 없는 현상이다.

금년 여름 우리교회 아동부에서 비전트립을 다녀왔다. 중국 조선족 어린이, 학생들과 함께 캠프를 했다. 그러나 그들과 함께 몇 일을 보내고 어울리면서 예수 이야기를 할 수 없었다. 그리고 목사라고 부를 수도 없었다. 그냥 교장 선생님으로 불러야만 했다.

거기에서는 그렇게 사모가 되고 애절함이 더 있었다. 찬송도 부르고 싶었고, 기도도 더 뜨겁게 그리고 예배를 드리고 싶은 충동이 강했다. 영적 목마름이 충만했다. 우리나라 좋은 나라, 우리가 마음대로 예배드리며 믿음생활 할 수 있다는 것이 얼마나 감사한 일인지 확실하게 느끼고 알 수가 있었다.

그러나 지금 다시 한국에 돌아왔다. 이제는 마음대로 교회가고 신앙생활 할 수 있는 것이다. 어느새 그 간절한 마음이 사라지고 말았다. 언제 그랬냐는 듯 또 형식적이고 그냥 타성에 젖은 모습으로 교회에 나가는 것을 발견하게 된다.

그 어떤 환난 중에도 함께하심이라, 핍박이 와도 은혜라, 어려움과 억압을 통하여 우리의 믿음은 더 강하게 더 뜨겁게 놀랍게 성장하는 것이다. 그렇다면 차라리 고난이 필요하다. 그리고 우리에게 있어야 하지 않을까? 고난이 유익이라. 2010년 9월 12일

여자가 웬 축구냐?

아니다. 그들은 우리의 기쁨이 되었다. 우리 모두의 자랑이 되었다. 정말 잘했다. 고맙고 기특하다. 2010년 추석날 환호성을 지르게 하더니, 주일 아침에 또 감동을 주기에 충분했다. 2010 FIFA U-17 여자 월드컵 대회에서 남아공, 멕시코, 나이지리아, 스페인, 일본을 당당히 꺾고 한국 사상 최초의 첫 우승을 차지했다. 정말 세계를 놀라게 한 것이다.

모든 선수와 감독 코치 임원, 그들의 부모와 국민들에게 까지 박수갈채를 보내고 싶다. 특별히 여민지(17세 함안대산고) 선수를 칭찬하지 않을 수 없다. 일약 세계적인 최고의 선수가 되었다. 6경기 8골 3도움으로 대회 최고의 선수에게 주는 최우수(골든볼)와 득점왕(골든부트) 상을 싹쓸이했다. 사상 첫 트리플크라운을 달성한 것이다.

그녀는 국제축구연맹(FIFA) 홈페이지에서 우승의 소감을 이렇게 말했다. "제겐 큰 꿈이 있습니다. 세계에서 가장 잘하는 여자 축구 선수가 되는 것입니다. 또 한국 여자 축구가 성인 무대에서도 아시아를 넘어 세계 최강이 되는 것입니다. 우리가 승부차기로 승리를 이끌었을 때 이 꿈이 실현되기 시작했다는 걸 느꼈습니다."

이미 그녀에겐 꿈이 있었던 것이다. 그 꿈이 세계 최고의 선수로, 세계 최강으로 나갈 수 있는 힘과 원동력이 되었던 것을 알 수 있다. 끝없는 꿈과 희망, 지칠 줄 모르는 도전과 목마름, 아름다운 그녀의 고백에 찬사를 보내게 된다.

여민지는 대회 출전을 위해 8월 6일 트리니다드토바고로 출발하기 전 "보여줄 것이다. 내가 얼마나 대단해질 사람인지, 얼마나 크게 커 나갈 사람인지"라는 글귀를 미니홈피에 남겼다. 결국 이 말은 현실이 되어 9월 26일 팀을 우승으로 이끌어 깜짝 놀라게 했던 것이다.

그녀는 초등학교 4학년 때부터 '축구일기'를 대학노트 6권의 분량만큼으로 써왔다. 우리를 감동케 하는 아름다운 내용들로 가득 차 있다. '드리블이 너무 많아진다. 페널티 지역에선 주고받는 플레이를 하자' '디딤 발이 볼을 잘 따라다녀야 한다. 멈추고 설 때 몸을 휘청거려 수비수를 속여야 한다' '눈부신 유혹을 이기면 눈부신 성공을 맞는다' 는 등 전술과 자신에 대한 개선점의 분석은 물론 당당한 정신력도 있는 것이었다.

여민지는 2007년을 '행복한 해'로, 2008년을 '배움의 해'로, 2009년을 '성공의 해'로 정리하고 있다. '행복의 해'였던 중학교 2학년은 그녀가 태극마크를 획득한 해였다. 그 행복한 해의 11월에 이렇게 썼다. "천재는 노력하는 사람을 이길 수 없고, 노력하는 사람은 즐기는 사람을 이길 수 없다. 즐기는 것과 발전하는 것, 내가 축구를 하는 두 가지 이유다. 잘하는 선수보다는 노력하는 성실한 선수가 될 거다." 너무 멋진 표현이다. 마침내 가장 멋진 승리자, 행복의 주인공으로 살아가게 될 것이다.

2010년 10월 3일

나는 진정한 행복자!

빚은 좋은 게 아니다. 그래서 빚을 지면 안 된다. 그러나 괜찮은 빚이 있다. 적어도 이러한 빚은 질 수 있어야 더 좋다. 이 빚은 그 사람을 더 행복하게 만들어 주기 때문이다. 더 멋지고, 더 아름다운 인생이 된다. 진정한 행복자의 삶이 될 수 있는 2가지 빚이 있다.

사도바울은 우리 모두에게 자랑스러운 믿음의 모델이 되고 있다. 그는 복음을 위하여 온갖 고난과 역경을 다 겪었다. 혼자의 몸으로, 연약한 몸으로 조롱하는 소리와 비방의 억울함을 다 겪으면서도 오직 복음을 위하여 나아갔다. 매를 맞고 감옥에 갇히기까지 했다. 그렇지만 그는 복음의 빚진 자였기 때문에 그 모든 어려움도 능히 넉넉히 이길 수 있었다.

하나님 앞에 복음의 빚진 자로 살아간 그를 배우며 많은 것들을 교훈 삼고 있다. 그렇기에 믿음의 사람이라면 그를 존경하며, 그를 빼 놓고는 설교도 할 수 없을 정도인 것이다.

나도 바울처럼 빚진 자의 심정으로 목회를 하고 있다. 세상 직장을 포기하고 주의 길로, 목회자의 길로, 생명의 길로 1984년에 들어섰다. 개척을 하여 여기까지 달려오면서 아무리 어렵고 힘들어도 나도 바울처럼 복음의 빚진 자였기에 사실 감사했고 행복했던 것이다.

주님 앞에 빚을 진 바울, 나는 여기에 하나 더 플러스알파의 빚이 있기에 더 행복자이다.

평생 갚아도 다 갚을 수 없는 빚, 한 두 사람의 빚이 아니다. 성도들의 사랑이 있다. 하나님께서 붙여준 믿음의 성도들로부터 받는 그 빚은 힘이 있다. 그 사랑의 빚은 신기하게도 나를 더 행복하게 만들어 주는 것이다.

그들은 언제나 목사인 나에게 헌신한다. 충성한다. 순종한다. 시간과 물질을 준다. 끝까지 신뢰한다. 따르고 믿는다. 잘 섬기고 대접한다. 제일로 사랑한다고 고백한다. 가장 존경한다고 말한다. 귀한 목사님 만나서 너무 감사하다고 말한다. 그리고 날마다 기도하고 있다. 이 엄청난 사랑의 빚을 지고 나는 살아가고 있다.

하나님 앞에는 복음의 빚진 자, 사람 앞에는 사랑의 빚진 자이다. 내 생명 다하도록, 평생토록 눈물로도 다 갚을 수 없는 빚을 지고 있다. 목회를 하면서 이 빚을 졌고, 어려움을 통해서 더 절실히 배우고, 느끼는 성도들의 빚인 것이다.

이 성도들이 지금도 내 곁에 있다. 내 주위에 많다. 나를 떠나지 않는다. 혹시 다른 곳으로 갈까 안달하며 살피고 있다. 언제나 나와 함께 하기를 원한다. 우리는 함께 있어 행복한 교회라고 말을 한다. 이처럼 사랑의 빚을 지고 있기에 진정한 행복 자가 된 것이다.

"주님, 나는 행복자입니다. 이렇게 사랑하는 성도들이 있으니, 얼마나 행복한지요, 나는 바울보다 더 행복합니다. 가장 값진 행복한 삶을 살아가고 있습니다. 주님께서 갚아주시고 성도들을 축복하여 주옵소서!"

2010년 10월 17일

눈엣 가시? 그것 때문에!

세상 살다보면 맘에 안 드는 사람들이 제법 있다. 허긴 다 어떻게 내 맘에 들 수 있겠는가? 당연하다. 그러나 정말 이해하기 어렵고 꼴도 싫은 눈엣 가시가 있다. 때릴 수도 없고, 없애 버릴 수도 없고, 어떻게 할 수도 없는 정말 힘든 존재다.

지금 중국에도 그런 사람이 있다. 그는 막강한 권력과 힘을 가진 사람들 앞에 정말 눈엣 가시였다. 적절한 방법이 없자 이런저런 죄를 씌어서 결국에는 감옥에 가둬 놓았다.

오히려 그의 감옥생활이 세계적인 사람으로 만들어 놓는 계기가 된 것이다. 그가 2010년 노벨 평화상 수상자로 선정되었다.

중국 정부는 더 심각한 딜레마에 빠지게 되었다. 그의 입을 막고 조용하라고 감옥에 가둬 놓은 것이 더 큰 소리가 되어 온 세계를 떠들썩하게 한 것이다. 그가 중국에서는 눈엣 가시의 처리 곤란한 얄미운 존재이지만 그러나 서방에서는 인권의 상징이 되고 있다. 온 인류에게 희망을 주며 참 평화와 자유의 심볼이 된 것이다.

사실 누구에게나 사람들에게 눈엣 가시가 되는 것은 좋지 않다. 그러나 요즈음에는 차라리 눈엣 가시 같은 존재가 되고 싶은 생각이 들 때가 많다. 그만큼 세상이 잘못됐고 부패했기 때문이다. 정말 불의가 가득차고 타락한 세상이 되었다.

기득권의 세력 자들이 전횡을 흔드는 횡포들을 보면 절대로 그들과 동조할 수 없는 것이다. 거짓 앞에 무릎 꿇고 싶지 않다. 차라리 분명 그들에겐 눈엣 가시가 되는 게 훨씬 더 낫다. 마치 류샤오보처럼 말이다.

그러나 그런 용기가 쉽지 않다. 그만큼 불이익이 오고, 출세 길도 막히기 때문이다. 그렇다고 적당히 타협할 수 없다. 비록 그 어떤 어려움과 불이익, 죽음이 앞을 기다린다 해도 이 땅에 진리가 서도록 외쳐야 할 것이다. 의가 살아있도록 행해야 할 것이다. 지금의 세상은 더욱 이러한 용기가 필요하다.

막강한 힘과 권력으로 고난 속에 짓 밟혀도 능히 이겨내야 한다. 옳으면 된다. 진리 편에 있으면 된다. 그들에겐 눈엣 가시가 될지언정 주님 앞에 괜찮으면 된다. 때가 되면 반드시 그것 때문에 값진 자랑스러운 존재가 되는 것이다. 위대한 자로 만들어지게 된다. 힘 있는 권력자들은 하나같이 눈엣 가시가 되어 비난과 조롱으로 결국 죽이기까지 했다. 그러나 보라, 그것 때문에 인류의 구원자가 되지 않았는가? 하늘 위에 있는 자, 땅위에 있는 자, 땅 아래 있는 모든 자들이 다 그 발 앞에 무릎을 꿇는 역사가 나타난 것이다.

눈엣 가시가 되어서 매를 맞고 감옥에도 갇혔지만 그러나 그것 때문에 복음은 이방인에 까지 퍼져 나갔다.

오늘의 현실에서 차라리 눈엣 가시가 될지언정 복음은 놓치지 말자, 진리를 왜곡시키지 말자, 불의와 거짓이 이 땅을 움직이지 못하게 하자. 예수님처럼, 바울처럼…

2010년 11월 7일

멋진 밤의 감동과 희망!

세상을 살면서 많은 사람, 많은 사건들을 만나게 된다. 그리고 수많은 일들이 벌어진다. 그런데 상처를 주는 사람이 있는가 하면, 기쁨을 주는 사람들도 있다. 이런저런 일들로 많은 사람들이 삶에 지쳐있던 지난 8월, 온 세계 사람들에게 위기 속에서 새 희망을 주었던 인간승리의 드라마가 있었다.

지하 700m 아래 칠흑 같은 어둠 속에 69일 동안이나 갇혀 있었던 칠레 북부 산호세 광산에 33명의 광부들은 우리에게 새로운 도전과 희망을 주기에 넉넉했다.

생존 가능성 1%도 안 되는, 모래사장 속에서 바늘을 찾는 것과 다를 바 없는 상황이었다. 터널이 무너질까 1초에 1m씩, 1시간에 1명씩 끌어올리는 숨 막히는 구조작업이었는데, 놀랍게도 매몰자 전원이 기적 같은 탈출에 성공했다. 이는 감동 그 자체가 되어서 많은 사람들에게 희망을 잃지 않는 용기와 가능성을 주게 되었던 것이다.

새벽 0시 11분 첫 구조자가 세상과 다시 만나게 되는 순간 첫 만남인 7살 아들의 눈에 맺힌 눈물을 닦아주었다. 칠레 전국의 교회엔 일제히 종소리가 울려 퍼졌고, 박수와 환호성이 쏟아졌다.

세바스티안 피네라 대통령은 달려와서 힘껏 그를 껴안았고 '오늘은 칠레 국민과 전 세계가 영원히 잊지 못할 멋진 밤'이라고 기쁨을 감추지 못했다. 정말 영원히 기억해도 좋을 만한 멋진 밤의 감동적인 순간이었다.

맨 마지막 작업반장이 성공적으로 구출될 때까지 피네라 대통령은 한밤을 지새우며 자리를 뜨지 않았다. 우르주아가 마지막으로 구출되면서 대통령은 뜨거운 포옹을 나눴고 "당신은 정말 대단한 지도자"라고 격려했다. 그리고 그토록 간절히 보고 싶었던 사람들과 다시 만난 기쁨에 대통령은 우르주아, 구조대원들과 함께 엉켜서 목청껏 국가를 합창했던 것이다.

이 모든 하나하나의 순간들은 전 세계인에게 충분히 감동을 주며 희망의 싹이 되기에 충분했던 것이다.

그래서 미국의 버락 오바마 대통령까지 성명을 발표하기도 했다. "오늘밤은 칠레 국민과 전 세계가 잊지 못할 멋진 밤입니다. 33명의 용감한 광부들이 준 교훈을 영원히 기억합시다. 결코 포기하지 않겠다는 약속을 지켜 낸 것입니다. 이 나라는 위대한 일을 이뤄내고 있습니다. 하나님 감사합니다"라고 격려하며 하나님께 감사했던 것이다.

이 땅위에 대통령이 되고, 정치인이 되어서 백성들에게 희망과 꿈을 주기보다는 실망과 걱정을 주는 경우도 있는데 감동이 되고 있다.

지난 11일, 12일에는 서울에서 '위기를 넘어 다함께 성장'이란 주제로 G20 정상회의가 열렸다. 세계 정상과 최고 경제인들이 한국에 왔고, 의장국으로서 우리에게 새로운 가능성과 희망을 주기도 했다. 세계속에 한국을 알리며 나라의 위상을 높이는 계기가 되었고 감사한 일이다.

2010년 11월 21일

사단이 하는 짓들

지난 22일 오후 갑자기 온 국민을 깜짝 놀라게 한 사건이 있었다. 갑작스런 소식에 불안과 잠시 위기를 느끼기도 했다. 뉴스 속보로 국민들의 눈과 귀는 라디오와 TV 채널을 지켜보고 있었다. 일손을 놓고 어떻게 된 일인가, 이 땅에 전쟁의 염려에, 여기저기 소식을 물었고, 아들을 군에 보낸 부모들은 걱정보다는 오히려 든든해하기도 했다.

북한에서 연평도의 해병대 포병부대로 정밀 정조준 하여 엄청난 폭탄 세례를 퍼 부은 것이다. “우리 영해에 직접 불질을 한 괴뢰군 포대를 정확히 명중 타격해 응당한 징벌을 가했다”고 저들은 큰 소리쳤다. “대결에는 대결로, 전쟁에는 전쟁으로 맞받는 것이 우리의 기질이며, 우리의 존엄과 자주권을 침해하는 도발자들은 누구이건 가차 없이 무자비한 본때를 보여줄 것”이라고 으름장을 놓기도 했다.

정말 어이가 없다. 아니, 더군다나 2010 광저우 아시안 게임이 열리고 있는 중이었고, 가장 가까운 나라인 중국에서 스포츠 축제로 한창 그 열기가 뜨거웠던 때였다. 아시아 45개국 1만명의 선수들이 꽃의 도시, 스포츠와 평화의 도시, 광저우 53개의 경기장에서 함께 우애를 나누고 서로의 기량을 발휘하고 있었는데 웬일인가?

사단이 아니고는 사람으로는 도저히 있을 수 없는 일이었던 것이다. 사실 사단은 겉 다르고 속 다르다. 아무리 가까워도 상황에 따라 원수가 되고, 자기의 이익에 따라서는 언제든지 죽이기까지 한다. 무섭다.

서정우 하사와 문광욱 일병이 전사했고, 민가에까지 무차별 포탄으로 김치백, 배복철 씨가 사망하는 등 인명피해도 제법 컸다. 그래 놓고는 또 딴 소리 한다. 우리의 자체적인 호국훈련을 매도하여 포격을 먼저 했다고 우기고 있다. 아닌 게 아니라, 어느 시장께서는 북한 주장에 동조하는 듯 어처구니없는 글로 호국훈련을 탓하는 지도자도 있으니 걱정스럽다.

북한은 6.25도 그렇게 우기더니 또 그 수법은 언제나 똑같다. 뒤집어씌우기 명수다. 다 우리에게 떠넘기고, 정말 어이가 없다. 이것이 바로 사단의 짓거리인 것이다.

민간인 사망이 사실이라면 유감이라고 은근히 제정신 들어 미안한 척, 그러나 또 엉뚱한 소리, 끝까지 들어봐야 안다. 군부대에 민간인 인간 띠로 인간방패를 막았다면서 우리에게 그 책임을 전가했다. 자기들의 평소 소행이 그러니 우리도 그런 줄 알고 있다. 목적달성을 위해서라면 사람을 죽여도 괜찮은 것으로, 사단의 실체는 그렇다.

사단들이 하는 짓은 뻔하다. 거짓의 아비, 처음부터 거짓말쟁이다. 그리고 살인자다. "너희는 너희 아비 마귀에게서 났으니 너희 아비의 욕심을 너희도 행하고자 하느니라, 저는 처음부터 살인한 자요, 진리가 그 속에 없으므로 진리에 서지 못하고 거짓을 말할 때마다 제 것으로 말하나니 이는 저가 거짓말쟁이요 거짓의 아비가 되었음이니라"의 요한복음 8:44의 말씀을 기억하며 깨어 기도할 때다.

2010년 12월 5일

천국환송지도사 동문모임(사랑교회)

천국환송지도사 포럼(100주년기념관)

실패가 아닌 간증이 될 뿐!

어렸을 때에 이것저것 위험한 것도 모르고 함부로 만지며 부모님을 힘들게 한다. 이때에 엄마들의 확실한 교육이 있다. 일부러 직접 손을 잡아서 아주 뜨거운 것을 만져보게 한다. 뜨거운 맛을 보면 그 다음부터는 아예 가까이 가려고도 하지 않는다. 내가 직접 경험을 해야 내 것이 되어서 삶의 교훈이 되고 양식이 되는 것이다.

영국에 제임스 다이슨이라는 사람이 있다. 그는 다이슨 회사를 설립하여 선풍기에 꼭 날개가 있어야 된다는 생각을 바꾸어서, 날개 없는 선풍기를 만들어 냈다. 또 주머니 없는 진공청소기를 만들기도 했다. 기존의 고정관념을 깨는 아이디어로 세계적인 회사로 각광을 받고 있는 것이다. 그렇지만 이를 위하여 수없는 실패를 거쳐야만 했던 것이다.

직원들에게 많은 실패를 경험하게 한다. 실패하지 않고는 내 것이 될 수 없으며, 성공할 수 없다는 신념 때문이다. '실패하라, 그리고 할 수 있다면 더 많이 실패를 경험하라'고 권장하며 요구를 한다.

나에게도 엄청난 충격을 받았던 실패의 경험이 있다. 그 당시 중고등학교에 입학시험이 있었다. 초등학교를 졸업하면서 시내에 있는 제일 좋은 중고등학교를 선택하여 당당하게 시험에 합격한 것은 나 살던 시골 동네에서 쉽지는 않았다. 그렇다보니 나름대로 공부를 잘하는 줄 알았지만 착각이었고 대학입시에서 낙방을 했다. 사춘기 때의 아픔과 쓰라림은 이루 말 할 수 없었고, 나를 초라하게 만들기에 충분했던 그 당시에는 분명히 실패였었다.

그러나 그렇지 않았다. 그때의 실패가 오히려 최고의 박사까지 공부할 수 있는 힘이 되었고, 자녀들까지도 대학원, 유학까지 공부하는 배경이 되기도 했다.

간혹 선후배 중에서 목회를 실패했다는 얘기를 듣는 경우가 있다. 그러나 아니다. 그렇게 생각하지 않는다. 절대로 더군다나 목회란 주의 일인데, 실패가 있을 수 없다. 비록 교회건축을 못했고, 교인이 없어도, 이름 없는 무명이라도 주안에서는 모든 것이 다 성공이지, 실패가 아니다. 다만 값진 간증거리로 만들어주는 것이 될 뿐이다.

크로스비는 생후 6개월 만에 실명을 당하여 앞을 보지 못하고, 평생 결혼조차 않고 살았다. 그렇지만 8,000편 이상의 찬송을 지었다. 나는 그녀의 찬양을 좋아한다. '세상과 나는 간 곳 없고 구속한 주만 보이도다. 이것이 나의 간증이요, 이것이 나의 찬송일세, 나사는 동안 끊임없이 구주를 찬송하리로다.' 세상보다 주님을 볼 수 있었기에 멋진 승리의 삶이었다.

지금 한해가 저문다. 2010년을 살면서 바라는 것을 다 이루지 못했다 할지라도, 절대로 실패가 아니다. 대입수능에서 점수가 나빠도 결코 실패하지 않았다. 이 모든 것들은 다만 성공을 향해 가는 또 하나의 간증이 될 뿐이다. 주 안에서의 삶은 언제나 승리와 성공으로 주님께서 역사해 주시기 때문이다.

2010년 12월 19일

2010년은 재미있는 해였습니다

마지막 12월, 그래서 성탄의 '고요한밤 거룩한 밤~' '흰 눈 사이로 썰매를 타고~' 찬양과 캐럴도 다 잊은 채 훌쩍 지나갔습니다. 그만큼 바빴고 정신없었지만 사실 흥미진지하고 재미있던 해였습니다. 여기 2010년도의 3가지 재미있었던 일을 간단히 말해보겠습니다.

새해 1월 학생들을 데리고 필리핀으로 비전트립을 다녀왔던 일입니다. 젊어서 많은 경험을 하는 것과 또 꿈을 심어주는 일은 매우 중요합니다. 그래서 교회가 좋고 목사가 좋은 데, 그 경험을 하게 했던 것입니다.

모두가 하나같이 복음, 찬양, 댄싱, 아트풍선, 페이스(face)페인팅 등을 준비하여, 우리 학생들이 가는 곳마다 필리핀을 열광 속으로 빠지게 했습니다. 우리가 빨리 가서 화장실을 고치고 새롭게 현대식으로 만들어 주자고 돈을 모으며 자기들끼리 고사리 선교헌금을 하고 있는 것입니다. 그곳 영혼들을 위하여 기도하며 사명의 불과 열정이 식지 않고 있습니다. 그만큼 우리에겐 잊을 수 없는 값진 순간들이었고, 정말 재미있었습니다.

그리고 또 7월에는 목양제자 아동부들을 데리고 비전트립 중국에 다녀왔습니다. 기아대책과 1:1로 결연되어있는 그곳의 아동, 학생들과 함께 캠프를 했습니다. 죽어도 헤어지기 싫었지만 죽을 수 없기에 억지로 헤어졌으니 얼마나 재미있었으면 그렇겠습니까?

갑자기 우리 숙소인 농장까지 몰아닥친 장맛비로 강둑이 터지고 마당까지 침범하여 도저히 나갈 수 없었기에 완전 고립 상태의 위기에서 부모생각, 교회생각, 주님생각 뿐이었습니다. 여기서 죽을 수 없기에 찬양을 하며, 무서움과 두려움을 이기며, 몇 번의 위험한 고비를 넘어 무사히 대 탈출 성공을 했습니다. 그러나 우리들의 짐이 문제였고 걱정이었습니다. 강 건너 줄을 매서 하나하나 도르래를 만들어 짐을 옮겼고, 극적으로 물건하나 해를 받지 않았습니다. 그래서 더 그리워지고 아슬아슬 잊을 수 없는 재미가 있었던 것입니다.

또 하나는 교회에서의 일이었습니다. 북한이 포탄을 쏟아 분, 연평도 사건이 일어났던 것입니다. 11월, 예고도 없이 갑자기 웬 사람들이 교회 대형 유리문을 큰 망치로 두드려 깨뜨리고 CCTV를 돌리고 세콤 선까지 끊어 버리더니, 애찬실, 사무실 문을 닥치는 대로 부수고 난입하여 컴퓨터 하드디스크까지 빼 갔고, 목양실안에 신발신고 들어가서 난장판을 피웠습니다. 주님의 교회를 연평도 폐허로 만들기에 충분했던 그 아픔은 엄청난 충격이었습니다. 그러나 그 시련만큼의 연단과 인내를 통하여 소망으로 주님은 일하고 계셨습니다.

이제 이 모든 일들이 그 당시에는 힘들고, 무섭고, 두렵기도 했지만, 지금은 하나하나 너무 소중한 것입니다. 평생 잊을 수 없는 값진 간증이 되어서 오히려 하나님 앞에 감사하고, 정말 재미있는 2010년으로 아쉬움을 남긴 채 지금 아름답게 저물어 가고 있습니다.

2011년 1월 2일

끝이 없는 이야기

지난여름 청년회에서 동말레이시아로 비전트립을 다녀왔다. 최근 청년이 이렇게 말했다. “갈까 말까 정말로 망설였고, 솔직히 가기 싫었다. 그러나 얼떨결에 간다고 말을 해서 그냥 할 수 없이 따라가게 되었다. 그러나 정말 가기를 잘했다. 다행이다. 앞으로는 교회에서 간다면 무조건 갈 것이다. 또 누구에게나 선교는 이유 없이 가라고 말하고 싶다”

사실 고생고생 죽을 고생을 했던 비전트립이었다. 몇 겹의 높고 험한 산을 넘으며 정글을 지나야 했다. 크고 작은 20여개의 시냇물을 지나고 강물을 건넜다. 강물은 차라리 땀을 씻게 하며 시원케 해주어서 오히려 좋았다.

앞서가는 사람을 좇아가지만 어디가 끝인지, 어느 곳으로 가는지도 모르고 그냥 따라가야만 했다. 앞장 선 현지인은 도무지 말 한마디 통하지도 않고, 목적도 방향도 모르고 그냥 무조건 간다는 것도 쉽지 않은 일이었다.

그러나 포기할 수 없었다. ‘누가 이기나 보자’ ‘가는데 까지 가보자, 끝이 있겠지’ 라는 맘으로 그냥 발을 내 딛었을 뿐이다. 신발속의 모래가 아픔을 주었고, 미끄러운 정글에 위험하고 아찔한 순간이 한 두 번이 아니었다.

새벽 일찍 떠난 우리 일행은 이것저것 제대로 분별하기도 어두운 밤이 돼서야 원주민들이 모여 사는 롱하우스에 도착하였다. 우리 일행을 반갑게 맞이해 주었다. 사람들을 보니 반가웠고 '이제는 살았구나' 하는 안도의 한숨이 나왔다. 얼떨결에 땅바닥에 차려놓은 음식을 손으로 주섬주섬 어디로 들어가는지 허기진 배를 채우기에 급급했다. 수저도 없다. 맛도 모르고, 죽지 않겠지, 그냥 입으로 넣었을 뿐이었다. 더 먹으라고 계속 먹을 것을 갖다 놓았고, 거부도 못하면서 먹어주는 것도 힘이 들었다.

먹고 나니 피곤이 몰려온다. 그러나 제대로 씻지도 못하고 프로그램을 진행했다. 계획대로 찬양과 워십 등으로 우리말과 말레이 말로 멋진 공연(?)을 했다. 말씀을 전했고, 또 소개와 간증으로 나누었다. 뜨겁게 중보기도를 했다. 아주 순수하고 정결한 심령들임을 쉽게 느낄 수 있었다. 주님께서 일하심을 체험하게 되었다.

감동의 시간이었고, 은혜가 되었다. 성령께서 만져주셨다. 기뻤다. 평안했다. 삶의 의미를 느꼈다. 진짜 믿음이 생겼다. 선교의 맛을 느낄 수가 있었다. '아 이런 거구나' 다시 한 번 실감하게 되었다. 열방을 향한 복음의 열정이 생겼다. 주님의 마음을 느꼈다. 사랑하게 되었다. 안아주게 되었다. 떠나고 싶지 않았다.

그 사람들과 그 현장을 생각하면 지금도 힘이 솟는다. 그때의 수많은 순간들을 생각할 때마다 가슴이 설레며 정말 선교는 좋은 거라고 말하게 된다. 남자라면 군대를 갔다 와야 되듯, 크리스천이라면 꼭 선교지는 갔다 와야 한다. 열방이 주께 돌아오기 까지 알파와 오메가 되시는 하나님의 계획이다. 그러기에 선교 이야기는 지금도 사도행정 29장으로 이어져 가고 있는 것이다. 2011년 1월 23일

새싹의 기운으로 희망을 노래하리라!

땅콩과 오렌지를 파는 거리의 소년이 있었다. 구두닦이로 어린 시절을 보냈고, 초등학교 졸업도 못했다. 가난한 농부의 아들로 태어나 14살 때 선반공으로 받은 최저 임금이었지만 그 첫 월급의 감격은 어머니 뿐 아니라 온 가족 모두에게 자랑거리가 되었다. 마치 집안에서는 과학자가 배출된 것처럼 기뻐했다. 18살에 손가락 하나가 잘려 나갔고 희망을 보지 못하여 가끔은 길가에 주저앉아 흐느껴 울기도 했던 그였다.

이처럼 가난으로 배우지 못하고, 글도 제대로 못 읽고, 영어도 못하였지만 그러나 그는 57살의 나이에 대통령으로 당선되었다. 그리고 8년간의 대통령 임기를 성공적으로 마치고, 2010년 12월 아름답게 퇴임했다. 90%에 육박하는 높은 지지율 속에 브라질 대통령 룰라는 자랑스럽게 임무를 완수했다.

이러한 브라질의 룰라 대통령이 그립고 부럽다. 어떻게 가능했나? 그에게는 적어도 이 3가지가 있었다. 우리에게도 봄의 내음과 함께 이것이 피어날 수 있으면 좋겠다.

그에게는 눈물이 있었다. 2002년 대통령 당선증을 받고 룰라는 눈물을 흘렸다. 초등학교 졸업장도 받지 못하고 태어나서 처음 받아보는 증서였다. 그는 가난한 백성들을 보면서 눈물을 흘렸다. 룰라는 눈물의 사람이었다. 눈물이 있는 대통령 그리고 여기에 함께 눈물을 흘릴 수 있는 백성들이 있었던 것이다. 우리에게도 이러한 눈물이 그립다.

또한 그는 가난에 희망을 걸었다. 그래서 대통령이 되어 해결해야 될 가장 중요한 과제가 바로 희망을 주는 것이었다. 룰라가 만난 사람들 그리고 가난한 사람들에게 희망을 주는 게 모든 정책의 최우선이 되었다.

그리고 룰라는 교육에 중점을 두었다. '높은 수준의 교육이 없다면 선진국으로 나아갈 수 없다. 기술자, 과학자, 수학자 등의 인재를 키우지 않으면 충분히 성장할 수 없다'고 그는 생각했다. 실제로 브라질 사람들의 평균 교육기간은 6.2년(한국은 11년)에 불과하고 학생들이 실제 참여하는 수업시간은 하루3시간에 불과했다. 15세 학생의 60%가 문맹이며, 중학 졸업자의 60%가 기본적인 수학문제를 풀지 못했다. 초등학교 교사의 20%가 대학을 졸업하지 않았다. 여기에 룰라 대통령은 교육에 투자를 했던 것이다. 교육의 힘을 알기에 미래가 보이는 것이었다.

결국 대통령 룰라는 임기동안 국가부채를 해결하고, 세계 8위의 경제대국으로 올라서게 했다. 또한 브라질은 2014년 월드컵과 2016년 하계 올림픽 개최지로 결정되기도 했다. 그 중심엔 전 국민의 지지를 얻은 대통령이 있었기 때문에 가능했던 것이다.

마지막 룰라는 퇴임연설에서 "모든 업적은 초등학교 밖에 나오지 않은 노동자를 대통령으로 뽑아준 국민에게 돌아가야 합니다."라고 말하면서 울었다. 이에 국민들도 함께 울었다. 그리고 희망을 보면서 그들은 외쳤고 박수갈채를 보냈다. 2011년 2월 20일

목회의 마지막 결론의 고백

한평생 목회에 전념하여 대성공을 이루고 귀하게 은퇴를 하신 목사님이 계셨다. 누가 보아도 훌륭한 분이라고 생각할 수 있는 목사님이셨다. 많은 성도와 큰 규모의 교회였기에 소위 대교회 목회자로서 그것도 감독까지 역임하셨기에 모든 목회자들에게도 부러움이 되는 분이었다. 가까이서 뵙기 어려울 정도였는데 마침 목회 세미나 강사님으로 초청되었기에 반갑기도 하고 잔뜩 기대를 하고 참여하였다.

첫 마디가 이러했다. "여기에 평신도분은 안 계시죠? 다 우리 목사들만 있는 것으로 알고 있는데, 그렇다면 솔직히 말 하겠습니다. 목회를 마치고 이제 원로가 된 입장에서 후배 여러분께 하고 싶은 얘기가 있는데, 한마디로 교인들을 믿지 마세요. 양은 양이니까 그냥 사랑만 해야지 믿었다간 큰 코 다칩니다."

깜짝 놀랐다. 물론 그 의미를 모르는 바는 아니지만 이해가 가지 않았다. 마지막 목회의 결론이 그렇다면 실망이 아닐 수 없었다. 다른 것도 아니고 목회를 어떻게 믿지 않고 할 수 있는지, 그렇다면 참 목회가 될 수 있겠는가 라는 생각이 들었다. 그게 사실이라면 나는 어떻게 목회를 할 것인가 판단하기가 어려워졌다. 한평생 목회의 내린 결론이 성도를 믿지 말라는 것을 아직도 잘 모르겠다. 솔직히 이에 대하여 동의하기 어렵고, 나의 목회에 숙제가 되었다. 겉모양은 크고 대단해 보였지만 그것이 목회의 성공이라고 말할 수 있겠는가, 물론 목회를 성공과 실패로 평가할 수 없다. 또 사람이 평가할 수 있는 것이 아니지만 왠지 씁쓸한 생각이 들었다.

한편으로는 얼마나 힘이 들었으면 또 교인들이 배반(?)을 했으면 한평생의 목회를 후배들에게 그렇게 말씀을 하실까, 이해가 되면서도 측은한 생각도 들었다.

그러나 아직은 이렇게 주장하고 싶다. 만약 교인들을 믿지 못하고 목회를 한다면 이는 진정한 목자가 될 수 없다. 목회는 신뢰가 바탕이 되어야 한다. 서로가 믿지 못한다면 세상이나 다를 바 없는 것이다. 교회는 믿음으로 시작되어 믿음으로 숨 쉬며 살아가는 것이기에 목사와 성도는 믿어야 한다. 만약 믿음이 없는 관계라면 그것은 목회가 아니다. 그러나 현실은 어떤가, 진정한 목회가 아쉽다.

예수님도 사실 배반당했다. 그러나 그 유다를 또 그 베드로를 의심하지 않으셨다. 그러한 상황에 처했어도 믿지 말라고 가르치지 않으셨다. 주님은 끝까지 사랑하셨다. 그리고 네가 나를 사랑하느냐고 물으셨을 뿐이다. 그래서 내 양을 먹이라고, 내 양을 치라고 부탁을 하셨다. 그리고 더 값진 사명을 맡겨주시기까지 했다. 끝까지 믿고 신뢰했던 것이다.

어느덧 나의 목회도 30년의 시간이 가까이 오고 있다. 나는 은퇴를 하면서 '후배들에게, 성도를 믿으십시오. 교인들을 믿었더니 이렇게 행복합니다.'라고 고백하고 싶다. 이것이 나의 마지막 목회의 결론이기를 기도하고 있다.

2011년 3월 6일

꿈 너머 꿈!

요셉은 꿈을 꾸었다. 그러나 그 꿈 때문에 형제들에게 숱한 미움을 받았다. 그리고 버림까지 받았다. 결국에는 그 꿈을 없애려고 죽이려고까지 했던 것이다. 간신히 목숨은 건졌지만 먼 나라로 팔려갔다. 또 거기서도 누명에 어려움을 당하더니 감옥까지 갔다. 산 넘어 산이었다. 정말 속상하고 억울하다. 그러나 그는 정작 능히 이겨냈다. 꿈이 있었기 때문이다.

하나님은 그 요셉과 함께 하셨다. 비록 감옥에 갇혔고, 주변 여건은 그대로 어려움의 연속이었지만 하나님은 그와 함께 하셨기에 범사가 형통했다고 창세기 39장에서 말하고 있다.

하나님이 함께 하시니까 마침내 요셉은 애굽의 총리가 되었다. 종으로 팔려간 노예인데, 감옥의 죄인이 어떻게 큰 나라의 총리가 될 수 있었단 말인가? 가능성의 1%도 안 되는 여건이었지만 단 한 가지 하나님이 함께 하셨기 때문에 가능했던 것이었다.

나에게도 주님을 향한 또 다른 꿈이 있었기에 좋은 직장의 국립 서울정신병원을 과감하게 사표를 냈다. 그리고 그 당시 어렵고 가난했던 서울 사당동에 꿈을 품고, 아내와 단둘이 1984년 12월 교회를 개척했다. 가난의 대물림과 악순환을 직접 보고, 그 아픔을 함께 겪으면서 그들에게 꿈을 심어주려고 애를 썼다. 목회는 꿈과 희망을 주는 것이기 때문이었다. 세계적인 리더의 꿈을 가지고 캐나다와 미국으로 진출한 믿음의 용사들이 생겼다. 그리고 그 당시 고등학생이었지만 미국 애나버 미시건에서 경제학 공부를 마치고, 지금은 대한민국 해군 통역장교로 근무하며 또 서울대학교 대학원에서 공부를 계속할 수 있게 된 아들이 있기에 감사하고 간증이 되기도 한다. 우리에겐 꿈이 있었기에 가능했다. 꿈이 있는 자와 하나님은 함께 하시기에 길을 열어주셨던 것이다.

또한 하나님은 2004년 안양으로 초빙 받아 제2의 꿈을 펼치게 하셨다. 놀랍게 부흥되고, 열방을 향한 꿈이 계속 되었기에, 20여명 남짓하던 어린이들도 2~3년 사이 10배 이상, 목양제자 250명으로 세계정복을 외치게 되었다. 해마다 중국, 필리핀, 말레이시아 등으로 비전트립을 다녀오며 꿈을 품기도 했다.

지금도 쉼 없이 꿈을 갖게 하셨다. 다음세대를 향한 그리고 온 열방이 주께 돌아와 예배하는 더 큰 꿈을 내 안에 허락해 주셨다. 미움과 시기, 질투도 요셉처럼 끊이지 않았다. 그리고 사단은 방해했다. 그렇지만 온갖 사방의 욱여쌈을 당하여도 꿈을 죽이거나 없앨 수 없는 것이었다. 힘들다고 꿈은 여기서 포기될 수 없었다. 계속되어야만 했다.

시련과 어려움이 가로 막아도 꿈이 있기에 능히 이길 수 있다. 그리고 넉넉히 극복할 수 있었다. 꿈이 있으면 열정이 생긴다. 살맛도 난다. 그 어디나 하늘나라가 된다. 행복하게 된다. 꿈 너머 꿈 교회를 그리며 내일을 바라볼 수 있는 희망이 생긴다. 여전히 꿈이 있기에 행복하다.

2011년 3월 20일

목회가 행복한 이유~

우리 주변에 많은 젊은이들을 보면서 나름대로 기대를 갖게 된다. 그들은 우리의 자랑이요, 내일의 꿈나무들이 기 때문이다. 내 삶의 현장에도 그들이 있기에 희망이 있고, 설레임도 갖게 된다. 어제 토요일에도 아동부와 학생들이 모였고, 방안에는 청년들과 함께 밤늦게까지 이야기를 나눴다. 여기저기서 재잘대는 소리들이 시끄럽다기보다 아름답게 느껴지는 것은 나를 행복하게 해주기 때문이다. 그러기에 나에게는 목회가 좋고 또 행복한 것이다.

그런데 최근 서글픈 소식에 마음이 씁쓰레하다. 한국 청소년들이 '더불어 사는 능력' '이웃과의 조화 능력'이 세계 꼴찌수준이라는 것이다. 2009년 국제교육협의회(IEA)가 세계 36개국의 중학교 2학년 학생 14만여 명을 조사한 국제시민의식 교육연구(ICCS) 자료에서 한국 청소년의 사회적 상호작용 역량지표가 35위에 그쳤다고 한국청소년정책연구원이 밝혔다.

이것은 문화, 사회, 경제적으로 이질적인 상대와 조화롭게 살아가야 할 세계화와 다문화 시대의 주역이 될 청소년들이기에 심각한 문제가 아닐 수 없다. 이에 한 연구원은 한국 아이들이 대내외 활동과 관련된 부문의 결과가 극히 저조한 점에 주목해야 한다며 지식 개발에 치중하는 정책을 바꿔 자율성을 길러줄 대책이 필요하다고 강조했다.

이제는 내일을 준비해야 한다. 다음세대의 젊은이들에 대한 투자가 필요한 것이다. 명문 카이스트에 입학하여 공부하던 학생이 자기의 역량을 충분히 발휘하기도 전에 학과공부에 시달려 스스로 목숨을 끊기도 했는데, 기성세대의 책임을 느끼게 한다.

대부분의 가정에 한두 명의 자녀가 있다 보니 개인주의적 사고로 고착되었고, 광범위한 친척의 개념도 바뀌고 있는 것이다. 공동체의식과 관계형성이 약해지고 있다. 상대방을 배려할 줄 알고 협력하는 함께 더불어 조화를 이루는 삶이 필요하고 그렇게 전환되어야 한다. 이러한 학습의 값진 경험을 할 수 있는 곳이 바로 교회이다. 교회만큼은 다양한 연령, 다양한 계층, 여러 모양의 사람들이 서로 함께 어울리게 되어있다. 그리고 개척교회, 작은 교회일수록 더욱 그렇기에 아름답다. 1984년도에 교회를 개척하여 아주 작은 교회부터 시작한 경험이 있기에 목회가 좋았고, 나를 행복하게 했던 것이다.

우리 교회 아동부는 학년별로 반을 편성하지 않고 있다. 학년에 구애받지 않고, 나이에 관계없이 섞어서 함께 어울리게 한다. 이를 통해 피차 돌봄을 배우며 몸에 익히게 한다. 자연스럽게 아름다운 관계가 형성되는 것을 보면서 교회가 좋고 목회가 행복한 것을 느낀다.

주일예배를 빼놓고는 주일아침가족예배, 주일오후예배, 수요예배, 금요기도회는 아동부 부터 어른까지 전체가 함께 어울리게 한다. 역시 교회는 좋은 곳이다. 다음세대를 이어갈 젊은이들과 함께 호흡할 수 있기에 나의 목회는 행복하다.

2011년 4월 3일

착한 것이 그리운 세상!

참 재미있는 세상에 살고 있다. 얼마나 세상이 악하면 아무데나 다 착하다는 말을 붙여야하는지 신기하기도 하다. 몇 일전 아내와 함께 동탄에 다녀오는 길에 여기저기 착한 표현의 간판과 현수막을 보면서 대화를 나눴다.

진짜 착한 것들이 참 많았으면 좋겠다고…

착한 고기가 있다. 그리고 착한 전복이 있고 착한 낙지라는 착한 음식점들을 쉽게 볼 수 있다. 또한 백화점에도 착한 가격이라고 아주 큰 글씨로 써 놓기도 했다. 이러한 많은 착한 것들을 보면서 '얼마나 악하기에' 하는 생각이 들기도 했다.

사실 착하다는 것은 사람에게 사용될 수 있는 말인데, 이제는 비인격체에도 표현을 해야 하는 세상이 된 것이다. 사람은 고사하고 매사에 착하다는 말을 붙여야 되는 세상에 우리가 살고 있으니 허긴 너나 할 것 없이 모두가 악하긴 악한 모양이다.

먹는 음식뿐 아니라, 사고파는 물건 가격에만 착하다고 한 것이 아니다.

노래에도 착한 것이 있다. 그래서 착한 사람, 착한 남자가 있다. 또 착한 늑대의 노래도 있다. 노래가사도 참 재미있다. 그리고 착한 거짓말까지 있다. 이런 저런 착한 노래들이 많은 것이다. 사람은 물론 짐승에게도 또 거짓말 까지 착한 노래로 불리어지고 있는 것이다.

책에도 착한 것이 있다. 착한 남자에 관한 소설이 있고, 착한 음식에 대한 책들도 나와 있다. 착한 밥상과 착한 요리, 그래서 착한 재료 고르기, 착하게 조리하기 등의 내용들로 착한 것을 계속 말하고 있는 것이다.

사람의 몸매에도 착한 것이 있다. 그래서 착한 글래머라는 말이 있다. 조금은 이상하게 사용되기도 하지만 매력적인 몸매의 모습을, 착한 가슴, 착한 얼굴이라며 착한 글래머라고 표현을 하고 있는 것이다.

이제는 교회에도 착한 교회를 만들어야 할 때가 된 것 같다. 착한 성도가 필요하고, 착한 집사, 착한 장로, 착한 목사가 아쉽다. 사람들이 악하다 보니 교회에서만큼은 좀 더 착한 사람들이기를 절실히 요구되는 시대가 된 것이다.

어느 교회에서 특별새벽기도회 행사를 했다. 그런데 이를 '참 착한 새벽기도회' 라고 신문기사에서 보도한 것을 보았다. 물론 어색한 표현이기도 했지만 나름대로 은혜가 되기도 했다.

아무쪼록 누구를 막론하고 그 착한 음식점에 들어가서 착한 것들을 먹기만 하면 착한 사람으로 바뀌고, 또 착한 옷가게에 가고, 백화점 쇼핑의 착한 가격으로 물건을 사면 착한 사람으로 변화되고, 또 착한 책과 소설을 읽고, 착한 노래를 부르면서 모두가 착한 사람들이 될 수 있다면 좋겠다. 그래서 착한 세상으로 바뀔 수 있으면 정말 좋겠다.

착한 사람들이 더 이상 억울함을 당하지 않고 손해가 없는 정의

가 살아있는 '하나님 보시기에 심히 좋았더라' 의 착한 세상이기를 바라며 꿈을 꿔 본다.

2011년 4월 17일

부활세미나(꿈너머꿈교회)

나의 자랑 · 교회의 자랑
은서 청년과 함께

1박 2일 토크쇼~

오병이어의 현장과 그 꿈!

매일 밤 9시 기도모임이 있다. 안양에 와서 이 기도를 시작한지 어느새 7년이 되었고, 아직도 하고 있다. 지금까지 꾸준히 해오다 보니 기도에도 단골손님이 생겼다. 초등학교 5학년 준형이가 그 주인공이다. 엄마는 가끔씩 바쁘다보면 늦게 오기도 하지만, 어린 준형이는 하루도 빠짐없이 시간에 맞춰서 혼자라도 달려온다.

오늘도 어김없이 준형이는 엄마와 함께 왔다. 그리고는 불쑥 내 놓는다. 100원짜리 동전과 1,000원짜리, 그리고 10,000원의 지폐도 있다. 건축헌금이란다. 후원천사가 되어서 자기 용돈을 다 모아 가지고 온 것이다. 지금 몇 십억의 돈이 필요한데 준형이가 내 놓은 액수는 말 그대로 작은 것에 불과하다. 계산이 안 되고, 어림도 없다.

그러나 준형이는 믿음으로, 기쁨으로, 감사한 마음으로 자기의 모든 것을 내 놓은 것이다. 큰 은혜가 되었다. 이에 주님이 일하실 것이라는 기대를 갖기에 충분했다. 이제는 말씀 그대로 오병이어에 대한 꿈의 확신을 갖게 됐다.

불가능한 광야의 현장이었다. 남자만 5,000명이었지만 거기에 있던 모두를 합치면 20,000명 이상이었을 것이다. 그럼에도 모든 사람들을 배 불리 먹였다. 그리고 남기까지 했던 것이다. 이 놀라운 기적과 축복을 떠오르게 했다.

현대판 오병이어가 여기에 있는 것이다. 우리가 처한 상황은 외롭고 지쳐서 헤매고 있는 암담한 광야와 같다. 우리의 여건과 환경은 빈약하기 이를 데 없다. 예배드릴 처소조차 없는 상황이다. 힘들고 어렵고 또 억울하여 얼마든지 원망하고 불평할 수 있는 입장이다.

그러나 그렇지 않다. 준형이를 비롯한 목양제자의 아동부와 꿈이 있는 학생들 그리고 나의 자랑 청년들이 있다. 그리고 목사를 신뢰하며 함께 하는 믿음의 식구들이 있다. 그들이 비록 작고 힘이 없어 보이지만 결코 그렇지 않다. 사람의 생각과 계산으로 보잘 것 없는 것이며 또 그 충성과 순종을 오히려 비웃을지 모르지만 절대로 그렇지 않다.

하나님의 일이기에 신기하게도 불가능을 가능케 하고 있는 것이다. 조작과 불법으로 상처를 주며 내 쫓으려는 상상을 초월하는 악행들을 저지르고 있지만 그러나 하나님은 엄청난 것으로 일을 계속하고 계신다. 어린 준형이를 통한 물고기 2마리, 보리떡 5개의 믿음과 헌신이 놀라운 큰 기적을 가져오게 하고 있는 것이다.

그래서 우리에겐 꿈이 있으며 포기할 수 없다. 결국에는 모두가 다 배부르게 될 것이다. 지금 안양에서 동탄으로 교회 개척을 준비하고 있다. 성경말씀대로 5,000명 이상의 준비된 영혼들이 영육간에 배부름의 축복을 받고 누리게 될 것이다.

그리고 배불리 먹었음에도 또 12광주리가 남았기에 우리에게도 그러한 역사가 나타나게 될 것이다. 열방을 향하여 복음으로 세계정복을 하는 것이다. 사도바울은 이방인의 사도로서 그 고난을 이겨내고 '항상 기뻐하라, 쉬지 말고 기도하라, 범사에 감사하라' 고 했다.

2011년 5월 1일

목회를 하면서… 그 그리움!

요즘은 절대로 그렇지 않다. 그러나 필자가 군 생활할 때만 해도 남자들은 논산을 보고, 그쪽을 향해서는 오줌도 안눈다고 말들을 했다. 그만큼 지긋지긋하고, 아예 진절머리 나서 그 쪽을 쳐다보고 싶은 마음조차 전혀 없었다. 그렇게 어렵고 힘들었다는 것이다.

서울 사당동에서 20년 목회를 하다가 떠났다. 80년대만 해도 그 지역이 어렵고 가난했었다. 오히려 그 어려웠던 개척교회에서의 믿음의 수고와 헌신은 아름다운 추억으로 지금도 남아있다. 교회 개척의 어려움과 연단은 오히려 감사하고 멋진 간증으로 남아있기에 더 아름답게 느껴지는 것이다.

그 후 안양으로 초빙되어 목회를 했다. 열심히 최선을 다하면서 즐겁게 교회전체가 활성화되었다.

40년의 역사를 가진 교회였지만 크고 작은 문제가 끊이지 않았던 터라 함께 있어 행복한 교회라는 캐치프레이즈를 외치면서 비전과 내일의 꿈을 심어주었다. 재미있게 신앙생활을 하면서, 다음세대를 살리며 세계열방을 향하여 나아갔다. 당연히 놀랍게 부흥하고 성장되었고, 주위에서도 부러워할 정도였다.

그러나 7년을 넘기지 못하고 떠나야만 했다. 절대 다수의 교인들이 안타까워하며 눈물로 호소하였지만 결코 쉽지 않았고, 정말 힘든 시간들이었다. 장로와 목사, 감리사와 감독의 한사람의 힘이 이렇게 무섭고 센 줄 몰랐다. 본인과 교회전체의 의지와는 상관없이 압박과 강요, 거짓으로 억울함을 당하면서 안양에서의 목회를 접어야 했다. 주님과 나의 꿈을 다 이루지 못하였기에 아쉬움이 크게 남는다.

어제도 친구 목사와 저녁식사를 함께 나눴다. 동탄으로 이사 온 것을 환영해주는 접대였기에 허심탄회하고 좋은 분위기였다. 건축도 했고 목회를 잘하는 신실한 하나님의 종인데도 불구하고 이런 말을 한다. 사실 최근에 장로 한 사람이 그렇게 속을 썩이고 힘들게 해서 걱정이란다. 어떻게 하면 좋은지, 조심스럽게 교회 이동을 기도하며 준비하고 있다고 했다.

사실 예수님도 온갖 모욕과 멸시천대를 받으셨고, 죽기까지 당하셨다. 사도 바울도 마찬가지로 그 고난의 역경은 끝이 없었다. 꿈을 가진 요셉 역시 오히려 가장 가까운 자들로부터 시기와 억울함을 당하였다. 이것이 십자가의 길을 걷는 자들이 겪어야 할 몫인 것이다. 그렇지만 결론은 온 인류의 구원자로, 이방인의 사도로, 막강한 애굽의 총리로 우뚝 세워졌던 것이다.

목회자의 어려움, 그러나 괜찮다. 비록 몇몇 소수로 시작된 그 상처와 아픔이 전체에까지 악영향을 주어 더 심각하지만 그래도 주의 일이기에 또 그리워지는 것이다. 마치 내 고향이 그리운 것과 같다.

나 살던 옛 고향, 흙 내음에 젖어있고, 코흘리개 모습으로 논두렁 밭둑길을 걷던 강원도에 가보고 싶은 심정이다. 제2의 내 고향, 목회하던 사당동과 안양을 언제 다시 그 그리움으로 찾아갈 수 있을까 기대해 보며 꿈꾸어 본다.

2011년 5월 22일

교회개척 창립예배

개척교회라고 하면 의례히 지하 냄새나는 어둑진 곳으로 연상하게 된다. 아니면 2층이나 3,4층 상가를 얻어 조촐하게 시작한다는 생각이 지배적이다. 그리고 의자 몇 줄에 아직 비품도 부실한 것이 일반적인 개척창립의 모습이다.

어제 교회개척 창립예배를 드렸다. 그래서 수년 동안 온갖 고생과 고난을 당하다가 결국에는 다시 새롭게 교회를 개척한다니까 연민의 정을 가지고 왔던 것이다. 그런데 상황이 달랐다.

이구동성으로 이렇게 훌륭하고 좋은 교회로 시작하는 개척은 정말 찾아보기 힘들다는 것이었다. 일반적인 개척교회의 모습이 아니라 기존 중형교회 못지않은 모습에 놀라며 멋지신 하나님이라는 고백을 하고 있는 것이었다. 그래서 함께 기뻐하고 즐거워했다. 또한 마음껏 축하하며 축복도 해줬다. 참으로 감사하고 흐뭇한 교회개척 창립예배였다.

1984년 12월 서울 사당동에서 개척했던 기억이 지금도 생생하다. 한분 한분의 높으신 순서자들 앞에서 주눅이 들었고 또 멋쩍은 모습으로 아내와 함께 담임자 소개를 받으면서 긴장을 했던 기억이 난다. 그러나 지금의 개척은 처음이 아닌 두 번째라, 이미 경험자이기에 훨씬 더 긴장도 되지 않았다. 오히려 많은 분들을 만나면서 반가웠고 여유가 있었으며 매 순서마다 흥분과 감격이었다. 순서를 맡으신 높으신(?) 목사님들도 정겨웠고, 함께 자리에 참여해준 많은 분들께도 진솔하고 편안하게 대할 수 있었다. 사람과 하나님 보시기에 당당하게 개척을 하는 것이었기에 오히려 간증이 되고 있었다.

우리는 주 안에서 한 가족이다. 주도 하나요 성령님도 하나이다. 우리 성도들도 하나인 것이다. 그런데 개척예배를 드리면서 하나가 된 믿음의 성도들은 함께 헌신하며 봉사도 했다. 그리고 함께 기뻐했다. 그러나 그렇지 않은 사람들은 누가 돈 내 놓으랄까 은근슬쩍 사라지고 만다.

원근각처에서 찾아주신 모든 분들은 개척교회의 창립을 보면서 아름다운 간증이 되고 있었던 것이다. 교인들도 손님들을 배웅하고 저녁을 먹다가, 내가 들어서자 모두가 기립박수로 '목사님 수고 많으셨어요. 사랑해요' 환영해 주었다. 순간에 피곤이 사라지고 정말 감사했다. 이것이 목회의 맛이다. 사랑하는 성도들이 있고, 사실 수고는 자기들이 다 했는데 부족한 목사에게 감사의 마음을 전하는 값진 성도들이 정말 자랑스러웠다.

밤늦게 문자들이 날라 온다. 학생, 청년들에게서 '목사님 사랑해요, 존경해요, 감사해요, 더 잘 하겠다'는 귀한 메시지들이었다. 다음세대를 살리는 꿈너머꿈의 비전인데 그들이 살아있는 것을 느끼면서 하나님께 감사했다.

그래서 지난밤도 편히 쉴 수 있었고, 피곤치 않게 월요일 새벽예배를 인도했다. 이른 새벽 4시 30분부터 교회 앞에서 누가 기다리고 있었다. 개척예배를 드렸는데 또 값진 생명을 새벽부터 보내주신 것이다. 좋으신 하나님을 찬양한다. 이처럼 일하시는 주님을 기대하며 오늘도 힘찬 열방을 향한 목회를 꿈꾸며 나아간다.

2011년 6월 19일

먹거리 바자회

충성된 장로로 임직받는날
(정영진 장로)

믿음의 사람 권사 직분 받으며
(우보선 권사)

여선교회 바자회

노호혼을 아시나요?

신세대인가요? 아닌가요? 나이에 관계없이 어느새 늙어가고 있는지 쉽게 알 수 있는 간단한 방법이 있습니다. 이것은 물론 절대적인 것은 아니지만 그래도 요즘의 문화를 알고 이해하려면 이 정도는 알아야 젊은이들과 통할 수 있기 때문입니다.

젊은 세대와 호흡을 할 수 있는 히트 상품인 노호혼을 알고 있다면 아직은 괜찮습니다.

목욕하는 노호혼, 변기통에 앉아있는 노호혼, 미니 노호혼, 야광 노호혼, 낚시하는 노호혼, 미키 노호혼, 키티 노호혼 등등으로 이런저런 형태와 모습들이 다양하며 여러 종류가 있습니다. 물어보면 끄덕끄덕, 도리도리를 하는 것으로부터 플립플랩은 왔다 갔다 하고, 솔라버드는 짹짹 거리기도 합니다. 아주 재미있습니다.

이들은 모두가 다 태양열로 움직이고 있기에 친환경적인 것입니다. 건전지가 필요 없고 수명의 제한도 없습니다. 무한대입니다. 영원한 생명력이 있습니다.

일본말인 노호혼의 뜻은 유유자적이란 의미를 가지고 있습니다. 이 말은 속세를 떠나 아무런 속박없이 조용하고 편안하게 삶을 살아가는 것이란 뜻입니다. 그래서인지 이 노호혼은 외로움을 타는 사람들에게 특효약이 되기도 하고 또한 우울증환자에게도 도움이 되며, 치료에도 효과가 있다고 합니다.

지난 6월 12일 성령강림주일에 교회창립을 하면서 무슨 선물을 기념으로 나눌까 생각하며 기도하다가 역시 다음세대를 키우고 살려야 할 우리 교회의 목적과 이유가 있기에 좀 특이하게 젊은이들이 선호하는 것으로 결정을 했습니다.

파닥파닥 거리는 소리라는 뜻을 가진 플립플랩(Flip Flap)을 선물로 드렸습니다. 우리 꿈너머꿈교회를 통하여 이처럼 살아있는 생명력을 보여주고 싶었기 때문이었습니다. 젊은이들과 함께 하는 교회의 상징이기도 한 것입니다. 꽃잎이 춤을 춥니다. 양쪽 잎이 쉼 없이 움직이며 살아있음을 보여줍니다.

아침 새벽기도회를 마치고 서재에 들어가 보면 어느새 빛을 받아 먼저 움직이고 있습니다. 아무도 없는 빈방에서 마치 속세를 떠난 듯, 조용한 곳에서 누구의 얽매임도 전혀 없이 그냥 편안하게 혼자 즐기는 모습을 보게 됩니다. 은혜가 되고 많은 것을 느끼게 해 줍니다.

미안한 마음이 들 정도로 주어진 사명에 충실해 하는 모습을 보면서 다시한번 나에게 주어진 사명을 감당하는 일에 충성을 다짐하게 됩니다.

또한 쉼 없이 움직이는 심장과도 같은 것을 보면서 피곤도 모르고 지칠 줄 모르는 모습에 나 역시 끊임 없이 독수리 날개 치며 올라감 같이 더 높이 더 멀리 나아갈 수 있기를 기대하게 됩니다.

노호혼에는 빛만 있으면 됩니다. 우리에게도 다른 무엇이 더 필요 없습니다. 오직 빛 되신 예수 그리스도만 있으면 됩니다. 얼마든지 살아 움직입니다. 생동감이 있고 활력이 넘칩니다. 빛만 비추면 팔랑이며 지칠 줄 모르고 있습니다. 쉼 없이 신나해 합니다.

우리교회도 빛 되신 예수 그리스도만 바라보며 살아있기를 소망합니다. 예수 그리스도의 생명의 빛으로 다음세대를 살리고, 이곳 동탄 지역과 민족과 열방을 향하여 살아 움직일 수 있기를 꿈꾸고 있습니다. 꿈너머꿈! 하나님의 꿈을 향하여 오늘도 플립플랩처럼 생명력을 가지고 두 팔로 날개 짓을 하며 춤을 추고 있기에 감사기도를 드립니다.

2011년 7월 3일

백만전도(제주도)

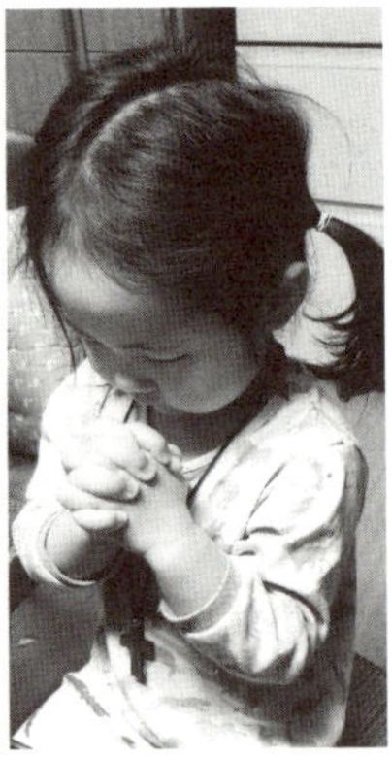

잠들기 전 감사기도 드리는 손녀 소율

"천국 환송" 세미나(대전)

원래부터 나쁜 사람인가?

지난 7월 초, 강화도 해안초소 총기 사건으로 우리의 자랑스러운 젊은 아들들이 목숨을 잃었다. 그의 부모와 가족들이 오열하며 국민 모두가 안타까워하는 아픔이 있었다.

이번 총기사건과 관련해 해당 연대장과 대대장에게 지휘책임을 물어 보직해임, 김 상병에게는 상관살인과 살인, 살인미수, 군용물 절도 등의 혐의로 구속했다.

해당 부대에서 병사들 사이에 가혹행위가 있었던 것으로 드러남에 따라 계속해서 그에 따른 책임추궁과 조사결과에 따라 연루된 자들을 처벌하게 된다. 그렇지만 사실은 누구를 막론하고 가해자이며 또한 피해자가 되고 있는 것이다.

군 당국의 해군 중앙수사단 조사에 따르면 구타와 왕따 등이 있었던 것으로 확인됐다. 이번 사건의 주범인 김모 상병은 일부 선임에게 가혹행위를 당했다고 진술했다. 또한 공모한 혐의의 정모 이병도 선임병으로부터 성경책에 불을 붙이고 바지에 분무식 살충제를 뿌린 뒤 불을 붙이는 등의 가혹행위를 당했다고 했다.

정 이병의 미니홈피에는 55명의 기도명단이 있었다. 그리고 기도 요청하실 분은 주저하지 말고 제목을 나눠달라고 부탁하며 매일 기도하겠다고까지 했던 친구다. 그는 사람들에게 사랑, 희망, 웃음을 주는 글을 쓰고 싶은 작가 지망생이었다. 그래서 입대 전에 직접 창작소설 카페에 '죽기 전에 꼭 남기고 싶은 말로 사람은 사랑하고, 사랑하며, 사랑해서 죽고, 사랑하게 된다'는 문장을 쓸 정도로 인간에 대한 사랑을 강조하기도 했었다.

그런데 입대 6개월 만에 그의 마인드가 바뀠다. 반년 만에 그의 인성이 파괴되었다. 군 생활의 악습, 종교적으로 심한 모욕, 구타와 가혹행위에 시달렸기 때문이 아니라고 부인할 수 없다. 그의 인간에 대한 신뢰와 사랑은 무참히 사라지고 이제는 정반대의 모습으로 모두 죽이고 싶은 분노로 변한 것이다.

원래부터 함께 전우의 고통을 나누던 자들에게 총구를 겨눌 나쁜 사람은 아니었던 것이다. 사람은 본래부터 나쁘지 않고 악하지 않기 때문이다. 그러나 상황에 따라 달라진다. 인간의 본성에는 선과 함께 또 다른 악의 모습을 동시에 가지고 있기도 한 것이다.

나는 선하다. 그러나 또한 악하기도 한 양면성을 가지고 있다. 환경과 상황에 따라 선이 나오기도 하고 악이 나오기도 한다.

사람들이 문제다. 함께하는 사람들, 함께 존재하는 사람들, 함께 삶을 나누고 있는 사람들에 따라 가치관이 형성되고 악과 선이 뒤바뀌기도 한다. 선인가? 악인가?

우리는 함께 있어 행복한 교회가 되기를 소망한다. 나는 부족하고 혹 악한 모습이 내 안에 도사리고 숨어있어도 어림도 없다. 나와 함께하는 분이 언제나 좋은 분이기에 선 앞에 악은 사라진다. 그리고 얼마든지 바뀐다. 이 좋으신 하나님으로 말미암아 이 세상의 모두가 다 좋은 사람들이 되었으면 좋겠다.

2011년 7월 17일

이 여름에 성령의 바람이!

비가 제법 많이 쏟아졌습니다. 역시 여름이고 장마철이다 보니 그런가봅니다. 또 태풍의 소식도 들려오고 있습니다. 당연히 여름이기에 그렇지만 계속해서 하늘이 뚫렸는지 마구 퍼부어서 여기저기 물난리로 정신들이 없습니다. 그 어느 해 보다 제습기 판매가 급증했다는 소식도 들었습니다.

또다시 이제는 언제 그랬냐는 듯 비가 멈췄고, 햇살이 강하게 쬐이고 있습니다. 축축했던 가구와 옷가지들을 만지고 빨래거리도 많다보니 아내가 더 바쁘게 움직이고 있습니다. 옆에서 모처럼 신혼의 때를 기억하며 도와주었습니다. 무척이나 고마워하고 감사해 하는 것을 보며 내가 더 기쁜 것을 느끼고 알았습니다.

비온 뒤에 비치는 해맑은 햇살이 너무 좋고, 뽀송뽀송 빨래가 마르는 소리가 들리고 있습니다. 그리고 흠뻑 젖었던 온 천지가 소독이라도 하듯 빛이 있으니 깨끗하고 참 좋은 것을 실감하게 됩니다. 이제 다시 본격적인 여름이 시작되었고, 정말 엄청 햇살이 따갑고 나가 다닐 수 없을 정도로 쌔고 짜증이 날 정도입니다. 온도가 하늘 높은 줄 모르고 막 올라가서 32~33도는 보통이고 36도, 37도까지 올라갔습니다. 심지어는 너무 뜨거워서 사람이 죽기까지 했다는 뉴스를 접하기도 하며, 정말 살이 익는 것 같아 무섭기도 한 여름입니다.

그런데 이 한여름에 바람이 불어오고 있습니다. 진짜 우리를 시원하게 하고, 뼈과 마음까지 깊이 불어와 영혼까지 충만하게 하고 있습니다. 최고의 은혜, 성령의 바람이 불어오고 있는 것입니다. 이 뜨거운 한 여름에 꿈이 있는 우리 교회에 불어오는 바람이기에 너무 좋고 기대가 됩니다. 지금 오순절 다락방에 임했던 성령의 바람처럼 우리를 감동시키고 뜨겁게 하고 있는 것입니다. 그래서 흥분되기도 합니다. 세상의 그 어떤 바람보다, 그 위력이 더 강력하여 사람들을 변화시키고 발걸음을 옮기게 하고 있습니다. 어제 주일도 이 놀라운 성령의 바람이 불어왔기에 주님의 교회를 찾았는데, 사랑하는 가족과 함께 왔습니다.

오늘 하루에 7명이 새 가족으로 등록을 하였습니다. 이는 내 힘으로가 아닌 역시 성령의 바람이 불었기 때문입니다. 성령께서 일하시면 놀랍게 이처럼 되어지는 역사가 나타나게 되어 있습니다. 계속해서 이 여름에 태풍처럼 성령의 바람은 불어야 합니다. 오늘 저녁은 1일 캠프로 목양제자들이 모였고, 내일 새벽부터 특별부흥회가 열립니다. 역시 성령의 바람으로 일하실 주님을 기대하고 있습니다. 우리 교회에 성령의 바람이 불기 시작했기에 이왕이면 동탄 지역 전체에 불어오고 이 강산위에 더 강한 성령으로 강타했으면 좋겠다는 생각을 하며 기도하고 있습니다. 이 성령의 바람으로 열방이 회개하며 주께 돌아와 예배하기를 소망하면서 이 한 여름에 태풍처럼 강력한 성령의 바람을 바라고 있습니다. 날마다 구원의 역사하심에 감사 찬양을 드리며, 꿈너머꿈을 통한 하나님의 계획과 인도하심을 계속해서 꿈꾸고 있습니다. 2011년 8월 7일

짧아야 정말 좋은 건가요?

목사님의 이런 말을 가끔씩 듣다보니 헷갈린다. 정말인가? 물론 농담 삼아 하는 말이지만 좀 그렇다. '여자 치마와 목사 설교는 짧을수록 좋다'는 것이다. 글쎄, 물론 무더운 여름에 길게 입는 것 보다 짧게 해서 시원하면 좋을 것이다. 또 무덥고 바쁜 현대인들에게 길게 설교를 하는 것 보다 입맛에 맞게 짧게 하면 좋고, 그래서 교회를 부흥시키려면 설교를 짧게 하라는 말도 있는 것이다. 물론 길어야 여성답고, 길어야 설교가 되는 것은 아니다. 그러면 또 짧아야 멋진 여성이고, 설교를 잘하는 것이라는 것도 아닐 것이다.

그러나 필자는 외치고 싶다. 오늘날 짧다보니 문제가 있다. 문제가 더 많이 생긴다. 여자 치마가 짧다보니 하늘 높은 줄 모르고 마구 올라간다. 최근 계속 더 짧아지는 분위기를 타고 있는데, 정말 어디까지 올라갈지, 더 올라갈 데가 없을 정도다. 그러다보니 멋있는 것이 아니라, 지하철의 젊건, 중년이건 짧은 치마의 여성들 앞에 민망스럽기 짝이 없다.

설교는 어떤가? 역시 계속 짧아지는 분위기다. 짧은 설교를 선호한다. 예배가 짧아질수록 좋다는 것이다. 그렇지만 사실 아니다. 그럴수록 주님과의 교제가 점점 짧아지고, 영적생활도 계속 더 짧아지게 되는 것이다. 이것은 절대로 좋은 현상이 아니다.

영화는 적어도 1~2시간은 족히 걸린다. 길다고 생각하지 않는다. 물론 재미있는 스토리, 출연진들이 연기를 잘하기 때문에 지겹지도 않다. 더 길어도 좋은 것이다. 그렇다면 길고 짧다는 것은 그 내용에 따라 달라지는 것이다. 내용과 출연진의 문제이다.

예배와 설교도 마찬가지다. 설교의 내용은 성경이다. 예수 그리스도의 이야기인데 그것이 무슨 문제가 된다는 말인가? 내용에는 하자가 있을 수 없다. 성경이 아닌, 예수 그리스도가 없는 내용으로 부실하니까 그 스토리가 재미없는 것이다. 관람객이 찾아오지 않는다. 교회의 설교는 그 내용면에서 최고가 되는 것이다. 영원한 최고의 베스트셀러 내용이다.

그렇다면 출연진이 문제인데 주연 배우는 그 각본을 잘 알고 있어야 한다. 각본과 다르게 말하고 액션을 취하면 안 된다. 성경의 66권 창세기부터 요한계시록까지 그대로 하면 된다. 거기에는 무궁무진하다. 일 년 365일 52주에 다 연출하기가 시간이 부족하다. 그러니 당연히 짧을 수록이 아니라, 길어질 수밖에 없는 것이다.

예배시간에는 하나님 말씀의 설교만이 아니라, 찬송과 기도도 있다. 이런저런 영적 첨가할 내용들이 많이 있기에 다른 것들을 언급할 시간적 여유가 없다. 그럼에도 짧아야 하는가?

한국교회여! 이제는 짧게, 짧게, 더 짧게라는 분위기에서 바뀌어야 한다. 더 길게, 좀 더 길지 않아 아쉬움의 설교와 예배드리는 영적인 모습으로 변화되어야 할 것이다.

치마가 짧을수록 우려가 되듯이, 설교가 짧아질수록 마지막 타락의 때인 느낌에 염려해야 할 것이다.

2011년 8월 21일

또 함께하심을 보여 주셨습니다

2011년 8월 5일 금요일, 감독님께서 반갑게 비싼 칡차를 대접해 주셨다. "여기는 내 영역이니 가만히 있어요, 내 지역이라니까" 라며 주차비까지 직접 챙겨 주셨다. 그동안 베풀어주신 사랑의 관심과 기도에 감사의 인사를 드리고 헤어졌다. '두 주먹을 불끈 쥐고, 그래 할 수 있어, 김 목사는 반드시 해내' 하면서 힘과 용기를 주신 모습에 차를 몰고 집으로 향하는 발걸음은 한결 가벼웠고 감동이 되었다.

뵈온지 3일이 지난 화요일 아침, 감독님께 전화가 왔다. 죄송한 마음으로 반갑게 다시 받았다. "그래, 잘 하고 있지, 근데 내가 자꾸 김 목사 생각이 나~" "다른 게 아니고, 내가 김 목사에게 십일조를 보내고 싶어서 전화했어, 요번 주에 제단에 올려서 하나님께 드리도록 해, 100만원밖에 안되고 작아서 미안하지만 십일조니까 하나님께 꼭 드려요"

이렇게 함께하시는 좋으신 하나님이 나의 아버지가 되신다.

또 8월 22일 월요일, 연세대학교 연합신학대학원 동문회 모임이 우리 교회에서 있었다. 개척의 입당예배에 못 왔다며 10여명의 동문들이 찾아와서 예배를 드렸다. 그리고 간절히 위하여 기도를 해줬다. 남편 목사님께서 2년이 되도록 병상에 누워계시는 사모님도 함께 오셨다. 중환자실에서 일반병실로, 아직까지도 의식이 회복되지 못하여 안타까움을 주고 있어 어려움을 겪고 계시는 사모님이셨다,

'우리 목사님을 위해 기도해 줘 고맙다고, 다시 개척을 했는데 목사님은 얼마든지 할 수 있다고, 언제나 CBS TV에서 목사님 말씀을 들으면서 힘이 됐는데, 요즘에 안 나와서 아쉽다고, 목사님 말씀은 살아있다고, 금방 부흥될 것'이라고 격려까지 해 주신다. 역시 선배목사님으로서 훌륭하신 사모님의 모습을 볼 수 있었다.

그런데 사모님께서 그동안 조금씩 모은 하나님 앞에 드릴 예물이라면서 작지만 우리 꿈너머꿈교회에 드리고 싶다며 봉투를 내 놓는다. 병상에 누워계시기에 많이 어려울 텐데 감히 받을 수 없었다. 그러나 감동이 되었고 사모님의 아름다운 섬김과 사랑의 손길에 두 손을 꼭 잡았다. 그리고 그냥 두 손을 잡은 채로 기도했다. 어설프게 앉고 선 자리에서 그대로 하나님께 눈물로 감사기도를 드린 것이다. 우리의 기도를 들으시는 하나님, 내가 네 눈물을 보았고, 네 소리를 들었다. 주님의 응답과 치료하심을 선포했다.

아내와 함께 사모님께서 주신 봉투를 열어보았다. 그런데 역시 아내가 돈을 금방 알아보았다. "아니, 이렇게 큰돈을" 하길래 다시 자세히 보니 10만원이 아니라 100만원 수표였다. 또 주님이 일하고 계심을 알았다.

1984년 처음 교회개척당시에도, 지금도 동일하게 하나님은 나와 함께 하셨다. 임마누엘로 오신 주님, 언제나 내 안에 또 성령으로 함께 하는 주님이신 것이다. 그러기에 된다. 승리다. 해결이다. 응답이다. 주님과 함께 기적과 축복으로 나의 꿈은 계속 펼쳐지고 있기에 행복하다.

2011년 9월 4일

사방에 욱여쌈을 당하여도~

예루살렘에 있는 교회가 큰 핍박을 받음으로 유대와 사마리아, 모든 땅으로 흩어지게 되었습니다. 그렇지만 복음은 멈출 수 없기에 오히려 온 열방으로 뻗어 나가는 계기가 되었던 것입니다.

유다가 예수를 팔았고, 결국 십자가에서 죽였지만 오히려 예수는 그리스도가 되었습니다. 그리고 십자가를 통한 온 인류의 구원자가 되었던 것입니다.

이처럼 고난과 아픔의 이런저런 어려움이 있지만 분명 이를 통하여 새로운 역사하심이 있는 것입니다. 믿음의 선진들이 그러했고, 죽임까지 당하는 환란과 핍박이 있었지만 그렇다고 하나님의 계획이 멈춘 것은 아니었습니다.

정신병원에서 온갖 상처투성이로 신음하는 사람들을 보면서 새로운 뜻을 깨닫고, 1984년 12월 서울 사당동에서 개척하여 목회를 시작했습니다. 그 당시에는 어려워도 어려운 줄 몰랐고, 힘들어도 힘든 줄 모르고, 내 주 예수 모신 곳이 그 어디나 하늘나라의 간증으로 찬양하며 목회했던 것입니다.

그 후 20년이 지나서 기존의 교회에서 정말 실감나게 직접 겪었던 사실이 있습니다. 온갖 시련으로 상상을 초월하는 사방에 욱여쌈을 당하는 억울함(?)을 경험했던 것입니다. 온갖 거짓과 중상모략으로 덤벼드는 횡포는 무서웠고, 교권의 힘을 가지고 그 권력을 휘두르며 우겨대는 모습에 가련하게 느끼기도 했습니다. 지방 실행부위원회, 감리사, 감독 모두가 마찬가지였습니다. 자기들 마음대로 조작하여 불법 행정으로 압박하는 그 횡포는 누구도 말릴 수 없었고 막을 수 없었습니다. 어처구니없는 거짓과 조작으로 고소를 당하였음에도 혐의 없음으로 결론을 이끌어내기까지 그 과정은 정말 힘이 들었던 것입니다.

완전히 사방으로 욱여쌈을 당한 높은 장벽 앞에 목 놓아 울부짖는 호소는 너무도 나약해 보였고, 정의를 위한 외침의 쓰라린 눈물도 소용이 없었으며, 그 아픔에 지쳐가는 사랑하는 교인들을 보면서 더 힘이 들었던 것입니다.

사람들은 지위와 권력으로, 돈으로, 거짓과 조작으로, 폭력으로, 압박하고 복음을 가로 막았지만, 사방으로 꼼짝 못하게 우겨 싸고 있는 중에도 우리 주님은 포기하지 않으셨습니다. 그리고 더 멋지게 계속 일을 하셨던 것입니다. 그래서 이런 고백을 할 수 있게 되었습니다. "나를 에워싸고 에워쌌으나 또 벌들처럼 에워쌌으나, 밀쳐 넘어뜨리려 했으나 여호와께서는 나를 도우셨고, 나는 여호와의 이름으로 그들을 끊었습니다(시 118:11~13)." "누가 우리를 대적하리요(롬 8:31)" "누가 우리를 그리스도의 사랑에서 끊으리요, 환난이나 곤고나 핍박이나 기근이나 적신이나 위험이나 칼이랴(롬 8:35)" "그러나 이 모든 일에 우리를 사랑하시는 이로 말미암아 넉넉히 이기느니라(롬 8:37)."인 것입니다.

영적 싸움은 힘들였지만 그러나 결론은 능히 이기는 것이었습니다. 우리는 넉넉히 이겼고, 그래서 탄생된 것이 바로 '꿈너머꿈' 교회인 것입니다. 하나님을 찬양합니다. 2011년 10월 2일

75초!

하루는 24시간이다. 1시간은 60분, 1분은 60초, 그러면 하루는 86,400초가 된다. 그런데 75초마다 학생들이 욕설을 한다는 기사를 접했다. 그렇다면 하루 동안 말을 할 때마다 하루에 1,152번이나 욕을 하고 있다는 계산이 나온다.

최근 한국교원단체 총연합회의 조사에서 학생들이 평균 75초에 한 번꼴로 욕설을 사용하고 있는 것으로 나타난 것이다. 공부할 시간도 부족할 텐데, 친구들과 아름답고 소망적인 대화의 시간이 필요할 때에 무슨 말을 하고 있단 말인가, 내일의 꿈과 희망으로 비전을 나누고 마음 설레야 하는 아주 중요한 학교생활에서 말할 때마다 1분15초마다 욕이 나오고, 친구들과의 대화가 욕으로 일관하고 있다니 놀라운 일이 아닐 수 없다. 그렇다고 모든 학생들이 다 그런 것은 결코 아니겠지만 그러나 대부분의 학생들이 욕으로 물들어 있다고 해도 과언이 아니다. 한국교육개발원의 조사결과에 따르면 전국 초중고 학생들의 4분의 3 정도가 학교에서 욕설을 사용하고 있는 것으로 보고됐기 때문이다. 그리고 10명 중 8명은 초등학교 때 이미 그러한 욕설들을 배우고 시작한다는 것이다. 그것도 습관적으로 또 자주 욕설을 내뱉는 것으로 조사가 됐다.

우리가 학교 다닐 때만 해도 그 정도는 아니었다. 어느 정도 성인으로 자라 군에 가서야 그러한 많은 욕설들을 들을 수 있었다. 과거에 군 생활할 때에는 정말 욕이 많았다. 그래서인지 군을 제대하고 나서 예비군 훈련장에 가면 영락없이 또 그런 비속어로 상을 찡그리게 하는 경험을 하곤 했다.

이들은 결혼을 했거나 어린 자녀들이 있을 텐데, 아니면 군 제대후에 아름다운 청춘의 꿈을 그리며 내일을 준비하는 자들인데 예비군복을 입고 있으면 습관적으로 또 말이 거칠게 나오는 것을 볼 수 있었다. 그것은 사실 군대에서 배웠기 때문일 것이다.

그런데 요즈음 아이들은 군대도 아니고, 성인이 되기도 전에 이미 학교에서 이러한 욕설을 하고 있다니 걱정이 아닐 수 없다. 이들 중에 절반 가까이는 친구를 통해 욕설을 배우고 있으며 또 인터넷과 영화 등의 미디어의 영향도 큰 것으로 조사됐다.

어린이는 어린이답게, 학생은 학생답게 언어사용에서부터 달라야할 것이다. 가능성의 언어, 긍정의 언어, 아름다운 언어, 꿈과 희망이 넘치는 언어로 새로운 21세기의 글로벌시대에 걸맞도록 말하는 습관부터 바꿔야할 것이다.

인생 살아가면서 입으로 말하고 시인하는 것은 매우 중요하다. 성경 로마서 10장 10절 말씀에도 "사람이 마음으로 믿어 의에 이르고, 입으로 시인하여 구원에 이른다"고 했다. 이처럼 구원의 역사도 입으로 시인할 때에 이루어지는 것이다. 이제 학교는 물론 가정, 교회, 세상의 모든 집단 생활하는 곳에서부터 말과 언어가 새롭게 바뀌는 신선한 운동이 일어나야 할 것이다.

말할 때마다 욕설이 아닌, 부정과 거부, 거역의 언어습관에서 밝고 소망의 언어 환경으로 변화될 내일의 희망을 꿈꾸며 오늘도 행복에 젖어 본다.

2011년 10월 16일

감동의 시간들!

10월 26일 아침, 오늘 따라 일찍부터 설레임으로 서둘렀다. 서울시장을 선출하는 날이었는데 투표장으로 향하려는 것이 아니었다. 서울 국회의사당에 가려고 분주했던 것이다. 또 교인들도 원근각처에서 모여 들었다.

국회 조찬기도회 사무총장의 초청을 받아 나라와 민족을 위한 국회 조찬기도회에 설교를 맡았기에 교회 성가대원과 교인들이 함께 국회로 향했던 것이다.

교인들은 교회가 아닌 국회에서 우리가 살고 있는 나라를 위하여 하나님께 찬송을 부르며, 기도를 드리고, 말씀을 들을 수 있었기에 그 시간이 그 어느 때보다 더 소중했던 것이다. 모두에게 감동이 되었고, 새 소망과 기쁨이 되는 정말 은혜로운 예배의 시간이었다. 아침식사도 잘 대접을 받았기에 더욱 감사했다.

지금까지 많은 목사님과 교회, 사람들이 와서 조찬기도회를 가졌지만 이렇게 어린이, 학생들까지 참여하여 다 같이 예배드린 경우는 없었고 처음이라며 칭찬을 아끼지 아니하는 인사에 감사했다. 우리는 나라와 민족, 열방을 향한 지도자의 꿈이 있기에 많은 것을 경험케 하고 또 기도하는 모습을 보여주려고 다음세대와 함께 이른 아침에 갔던 것이다. 어려서부터 열정과 비전을 품을 수 있는 좋은 기회가 될 수 있기 때문이었다.

어느 국회의원은 한 어린이에게 몇 시에 일어났냐고 물었다. 새벽 4시 30분에 일어나서 준비했다고 대답을 했다. 졸리지 않냐고 묻자, 괜찮다고 대답한다. 국회의원들이 놀라며 기특하다고 대견스러워한다.

또 어디에서 왔냐고 물으니, 안양에서요, 동탄에서요, 서울에서요, 여기저기 대답을 하자 또한번 놀라며 대단하다고 감동을 받는 것이었다.

국회의원들은 어린아이, 학생들은 물론 청년, 교인들이 하나같이 말씀을 청종하며 단합된 모습으로 질서 있게 움직인다며 이처럼 잘 훈련된 것을 우리 의원들이 배워야 한다며 감동을 받는 것이었다.

사실 그리스도인이란 감동을 주며 좋은 영향력을 끼치는 자들인 것이다. 그런 의미에서 이번 국회 조찬기도회를 통하여 단순히 목사가 설교를 하여 은혜만 나눈 것으로 끝난 것이 아니었다. 피차 감동을 줄 수 있었기에 그 자체가 더 큰 감동이 되는 시간이었다. 그래서 나도 감동이고 기대가 되는 것이다. 우리나라 국회가 새삼 자랑스러웠고, 다음세대와 함께 할 수 있는 우리 교회가 더욱 좋은 것을 느끼며, 축복의 우리 하나님께 감사기도를 드렸다.

예배를 귀히 여기고, 항상 기도와 하나님을 찬양하며 의지하는 국회의원들에게 겸손함과 섬김의 모습이 있음을 보며 백성들에게 감동이 되는 것이다.

새로운 도전과 소망을 품고, 우리가 밟은 여의도 국회의사당을 중심으로 온 땅이 복음으로 변화되기를 소원한다. 그리고 나라를 살리는 영적 센터가 될 것을 꿈꾸며 우리의 발걸음은 세상을 향하여 오늘도 힘차게 내딛고 있다. 2011년 11월 6일

돼지 보쌈의 잔치

우리 교회에서 귀한 손님들을 맞이하는 행사가 있었다. 어떻게 환영하고 대접할 것인가를 의논하였다. 기념품과 식사는 무엇으로 할 것인가, 여러 가지 준비할 것들이 제법 많았다. 그중에서도 뭐니 뭐니 해도 먹는 게 중요했다.

이에 구체적으로 여러 가지 의견들이 나왔다. 간편하고 쉽게 뷔페로 하자는 의견과 우리가 정성으로 준비해야 한다는 이런저런 다양한 생각들이 오갔다. 여선교회에서 함께 협력하여 피차 잘 상의하여 은혜 가운데 결정할 것을 부탁했고 모든 것을 맡겼다.

나중에 보고를 받으니 보쌈을 하기로 했다는 것이다. 약간은 날씨가 차가울 수도 있으니 따뜻한 국수도 하겠다는 것이다.

지난 금요일 몇 명의 교인과 함께 강화에 갔다. 그곳에서 '진보정'이라는 식당을 하는 교인 집에 심방도 할 겸 돼지를 잡으러 갔던 것이다. 또 돼지보쌈에는 삼을 넣으면 냄새도 없고 더 맛이 좋다면서 강화 인삼센터에서 비싼(?) 삼도 사고, 이것저것 준비할게 제법 많았다.

이제 드디어 행사 당일이 되어 푹 삶아서 강화산 돼지보쌈을 내놓았다. 나오기가 무섭게 너무 맛이 있다고 진짜 강화에서 왔느냐며 인기가 좋았다. 손님이 많이 오신 탓인지, 아니면 너무 맛이 좋다보니 평소 이상으로 과식을 하며 배를 채우려 하는 것인지 주문이 끊이지 않았다. 여기저기 요구에 그대로 음식을 다 나르지 못하고 있었다.

이 바쁜 와중에 최 권사가 서빙을 하지 않고 저 멀리 서있기에 왜 그렇게 있느냐며 핀잔(?)을 주었다. 빨리 가까이 가서 무엇이 부족한지, 살피고, 음식을 채워야지, 오신 손님들을 잘 섬겨야 한다고 잔소리했다. 의외의 대답이 나왔다. 미안해서 일부러 가지 않고 여기 숨어(?)있다는 것이다. 음식이 나오기가 무섭게도 순식간에 사라진다는 것이다. 이러다간 그 많은 보쌈이 동이 나고 부족할 수도 있기에 차라리 피해 있는 것이 좋겠다는 것이다.

가나 혼인잔치가 생각났다. 부족하고 모자랐지만 이에 가만히 있지 않고, 어머니 마리아는 예수께 고백을 했다. 그리고 하인들에게 말했다. 돌 항아리 여섯에 물을 채웠고, 그 후에는 가져다주었는데 기적이 나타났다. 더 맛 나는 기가 막힌 포도주가 된 것이다.

그 기적의 현장이 지금 여기에도 필요했던 것이다. 그리고 열심히 순종하며 일하는 하인과 같은 봉사자들이 있기에 그 기적의 현장이 될 수 있다는 확신이 들었다. 지금 여선교회 회원들의 열심히 순종하며 일하고 있는 모습들을 보면서 믿음이 왔던 것이다. 이 기적의 현장이 되려면 예수님께 말하는 것이 필요했다. 옆에서 잔소리(?)를 하던 입을 멈추고 즉각 기도했다. 주님 여기가 기적의 현장이 되게 하옵소서. 가나 혼인잔치처럼 채워지는 역사가 있게 하옵소서. 어떻게 말할까요? 기도응답인지, 아니면 오신 손님들께서 눈치를 챘는지 실컷 배불리 잘 먹었다며 칭찬과 함께 자리에서 일어나는 것이었다. 놀라웠다. 가나 혼인잔치에서 처럼 하나님께 감사하며 영광을 돌렸다.

2011년 11월 20일

자랑스런 사람들!

부모가 말려도 한번 결심한 것은 말릴 수 없었다. 결국에는 지원하여 시험을 보았다. 승민이는 드디어 합격을 했다. 남자라면 누구나 가야하는 군대이지만 일부러 그 어려운 곳을 택한 것이다. 해병대에 지원하여 입대하게 된 것이다.

사실 승민이는 마음이 선하고 모질지 못하기에 목사인 나로서도 은근히 걱정이 되었지만 본인이 결정하여 하겠다는 것을 말릴 수 없었다. 그렇기에 기도할 뿐이었다. 이왕 한국 최강의 해병대에 입대했으니 건강하게 잘 훈련을 마치고 적응하도록 기도했다.

승민이 엄마 최 권사는 인터넷에 들어가서 훈련 중인 승민이 사진을 내게도 보여주며 걱정(?)을 하기도 했다. 그럴 때 마다 얼마든지 해낼 수 있고 또 잘 할 수 있다고 격려했지만 속으로는 신경이 쓰였다.

동영상에서 한명씩 인사를 하는 것이 있었다. 어느 친구는 아직도 어설프게 경례를 하고 우물쭈물하는 모습이기도 했다. 그런데 승민이는 제법 큰 소리로 거수경례를 한다. “충성! 사람 돼서 돌아가겠습니다.” 건강하고 씩씩하게 인사하는 모습에 안심이 되기도 했다. 역시 사나이는 군에 가야 하는데, 자랑스러운 아들이 되기를 기도했다.

어느새 훈련을 마치고 이제는 수료식 날이 되었다. 당연히 승민이 엄마 최 권사는 열 일 제치고 찾아갔다. 훈련을 잘 극복하고 어엿한 대한의 아들이 된 것을 기특해 했다. 그러면서 엄마로서 이렇게 말을 한다. "목사님, 승민이가 삐쩍 말라서 뼈만 남아있어요. 아마도 힘이 많이 들었던 모양이어요. 정말 안쓰러워 혼났어요."

이 말을 듣고 있던 짓궂은 정 권사가 맞장구를 친다. "그런 말 마세요. 우리 엄마가 나를 보면 언제나 뼈만 남았다고 얘기를 해요." 사실 정 권사는 제법 몸무게가 나가는 퉁퉁한 남자 권사인데 옆에 있던 그의 아내까지 우리는 함께 웃었다. 그렇다. 엄마는 언제나 아들을 보면 그럴 것이다. 안쓰럽고, 고생하고, 몸이 마른 것처럼 보일 것이다.

어제는 우리 교회에서 26사단 군부대 위문예배를 드리러 갔다. 교인들과 함께 대형버스를 타고 차 안에서 은혜로운 이야기를 나누었다. 해병대에 보낸 승민이 엄마 최 권사가 실감이 난다며, '이제는 군인들이 다 내 아들로 보인다. 그리고 나 개인을 넘어 대한의 아들로 느껴진다. 모두가 나의 자랑스러운 아들인 것 같다.' 면서 실감 있게 말을 한다. 아들을 군에 보내놓고 이제는 엄마까지도 철(?)이 든 것이다.

그곳 부대에 가서 찬양과 예배, 난타공연과 다양한 프로그램으로 피곤을 씻고 은혜로운 시간을 가졌다. 사실 그곳에는 학생 때부터 우리교회에서 함께 신앙생활 하던 찬호가 있었다. 5분 대기조로 임무를 수행하고 있었기에 철모와 총까지 완전군장 한 모습을 볼 수 있었다.

군 위문을 마치고 돌아오는 우리는 행복했고 아름다운 밤이었다. 자랑스러운 하나님의 사람들이 있기에 오늘밤도 감사기도를 드린다.

2011년 12월 4일

목회는 가능성을 찾는 것!

한해를 마무리할 12월에 아쉬움보다 오히려 이런저런 감사한 일들이 많다.

이곳 동탄으로 2011년 6월 성령강림주일 개척을 한 사실은 놀라운 사건이다. 나의 생애에 큰 변화로 목회에 비장한 결단이었던 것이다. 하나님의 꿈은 포기될 수 없었고, 계속되어져야 하기에 꿈너머꿈으로 목회의 장을 또 새롭게 다시 열게 된 것이다.

목회란 그 가능성을 찾는 것이다.

거기에서 또 사람에게서 가능성을 볼 수 있어야 한다. 그러기에 기존의 기득권을 포기하고 여기에 왔다. 무한한 목회의 가능성을 보았기 때문이다.

시간, 물질, 재능, 나의 전 생애를 더 멋지게 불태우고 투자할 가치가 있었기 때문이다.

그 가능성을 이미 찾아서 마음껏 발휘하고 있는 청년들을 보면서 정말 자랑스럽고 목회가 재미있다. 보라, 지원, 은주, 소임, 진화, 은경, 영혁, 글, 은혜, 홍금, 승민, 하은, 호은이가 그 주인공들이다.

그 뒤를 이어 학생들의 가능성에 또 기대가 된다. 성운, 윤섭, 소연, 승엽, 평안, 이래, 준호를 비롯하여 계속 이어지고 있다. 학업으로, 사격선수, 야구선수, 메이크업, 디자이너, 과학자, 댄싱 등의 다양한 재능들이 있다. 그들 안에 있는 엄청난 가능성을 발견하며 목회의 맛이 있고 즐거움이 있는 것이다.

목양제자의 아동부가 또 있다. 주일아침 9시에 예배와 함께 젭스영어를 한다. 장년들과 함께 보혈의 찬송을 잘 부른다. 다음세대를 키우는 솔로몬 영재스쿨에서도 모두 성적이 올라 그 가능성을 발견하였다. 내일의 꿈나무들을 보며 목회에 부모들과 함께 기뻐한다.

목회는 성도들과 함께 하는 것이다. 끝까지 신뢰하며 따르는 주님의 자녀들이 있다. 존경하며 헌신된 모습으로 섬기는 그들과 함께 세계열방을 향하여 뻗어나갈 수 있는 무한한 잠재력과 가능성이 있다. 그래서 목회가 행복하다.

예수님도 가능성을 보았다. 베드로는 무식했다. 거기에다 실패했으니 구제불능일수 있다. 그러나 접근하여 먼저 말씀을 가르쳤고, 그 후에 그물을 던지도록 했다. 이에 자기 경험과 수고를 버리고 말씀에 의지하였는데, 여기에 기적이 나타났다. 나는 죄인이라는 고백과 함께 결국 주님의 제자가 되는 놀라운 변화가 있게 된 것이다. 간음한 여인도 당연히 돌로 맞아 죽임을 당해야만 했다. 그러나 예수님은 그 현장, 그 사실에서도 그녀에게 또 다른 가능성을 본 것이다. 그러기에 죄인으로 죽일 수 없었다. 다시 살아난 그녀는 변화되었던 것이다. 이것이 목회다. 죄인에게도 새 가능성을 찾는 주님이시다.

2012년의 새해에도 계속해서 가능성을 찾고 발견하는 목회를 할 것이다.

사람들에게는 무한한 꿈과 능력이 있다. 그 비전을 공유하고 나누며 오늘도 신나게 목회를 하고 있다. 새해에 새 일을 할 수 있어서 좋다. 무엇이든 할 수 있는 잠재력의 성도와 교회, 목회지가 있어서 기쁘다. 그리고 나를 향한 가능성을 보고 목회를 할 수 있도록 세워주신 하나님께 감사를 드린다.

2011년 12월 18일

천국환송 지도사 동문모임(동산교회)

천국환송 지도사 MT(7기)

천국환송 세미나 후 상담

'부활의 삶' 천국환송세미나(꿈너머꿈교회)

인생의 구원투수

야구경기가 재미있고 매력 있는 이유가 있다. 완전 위기의 상황에서 구원투수가 나온다. 그에게 거는 기대가 크기에 응원과 함성의 소리가 높아지고 흥분이 된다. 이때 절묘하게도 그 위기를 잘 극복하여 놀랍게 역전을 하는 경우를 보게 된다. 이 짜릿한 기분의 구원투수가 있기에 야구가 더 흥미로운 것이다.

우리가 살아가다보면 누구나 모든 삶의 영역에서 어려움과 위기를 만날 수 있는 것이다. 어찌할 수 없는 아주 심각한 문제에 봉착했을 때에 우리에게도 분명한 구원투수가 있는 것을 알아야 한다. 그래서 실망하거나 낙심할 이유가 없다. 항상 기뻐하고 쉬지 말고 기도하며 범사에 감사할 수 있는 것이다. 멋지게 해낼 수 있는 내 인생의 구원투수가 있기 때문이다.

아브라함은 조카 롯과 헤어졌다. 좋은 관계에서가 아니었다. 서로 다투고 싸우는 상황이었다. 또한 아브라함은 조카에게 먼저 땅을 선택할 수 있도록 양보했더니 롯은 물이 많고 더 좋은 땅을 택한 것이다. 이제 아브라함은 이런저런 씁쓰레한 일들로 적막하고 외롭고 사람 만나기도 싫고 우울증에 걸릴 수도 있었을 것이다. 이렇게 지치고 힘들어할 삶의 위기를 만난 것이다.

아주 어렵게 애굽에서 나온 이스라엘 백성들에게 또다시 홍해가 가로막혀 앞으로 나아갈 수 없다. 그런데 뒤에는 바로 군대가 쫓아오는 것이다. 완전 앞뒤가 막힌 상태에서 어찌할 수 없는 위기를 만난 것이다. 온갖 두려움에 원망하고 불평할 수밖에 없는 정말 어려운 상황이었던 것이다.

시몬이 고기를 밤새워서 잡았다. 그러나 어찌된 것이 단 한 마리도 잡지 못한 빈 그물이었다. 그렇다고 별 뾰족한 방법도 없다. 다른 직업을 바꿀 수 있는 능력도 없는 것이다. 먹고 살아갈 수 없는 힘들고 지쳐 한숨으로 신세타령을 할 수 밖에 없는 상황이었다. 생계에 심각한 타격을 받아 위기를 만난 것이다.

간음한 여인이 현장에서 붙잡혔다. 당장 돌에 맞아 죽임을 당할 수밖에 없다. 아무도 그 여인의 편에서 변명이나 옹호해 줄 사람도 없고 또 할 수도 없다. 막막하다. 본인도 얼굴을 들거나 그 어떤 말 한마디 핑계를 댈 상황도 아니다. 심각한 위기에 직면한 것이다.

이것이 인생이다. 내용과 정도의 차이가 있을지언정 누구에게나 이와 같은 다양한 일들로 위기를 만날 수 있는 것이 바로 인간 삶의 여정이다. 자녀, 부부, 가정, 학업, 진로, 건강, 직장, 사업, 경제적인 문제, 사람들과의 관계, 앞뒤기 꽉 막힌 진퇴양란의 다양한 위기상황을 종종 만나게 되는 것이다. 그러나 삶을 포기할 이유가 없다. 반드시 내 인생에도 구원투수가 있기 때문이다.

이 심각한 위기상황에서 하나님은 그들에게 변함없이 말씀을 하셨다. 아브라함, 모세에게도, 시몬과 간음한 여인에게도 주님이 말씀하셨다. 말씀이 바로 위기해결의 열쇠가 된 것이다. 지금도 동일하다. 태초에 말씀이 계셨다. 말씀이 육신이 되어 이 땅에 오셨다. 또다시 시작되는 2012년을 멋지게 살아갈 꿈을 기대하며 행복에 젖어본다.

2012년 1월 1일

3만원 또 3억의 기적!

“3만원 줍소서, 3만원 줍소서~” 노래하며 어린아이들까지 찬양하게 했다. 모두가 하나 되어 언제나 외쳤던 옛 시절이 있다. 1984년 12월 사당동에서 교회를 개척하여 1~2년이 지나면서 교회가 부흥되었을 때였다. 교인이 늘면서 자연스럽게 그 다음은 봉고차가 필요했던 것이다. 새 차를 구입하기엔 너무 벅찼고 여력이 안 돼 중고차를 구입하기로 결의를 하였다. 그리고는 언제나 3만을 입에 달고 외치며 다녔던 것이다. 물론 3만 원짜리 승합차가 어디 있겠는가마는 3만원이 30만원이 되고 또 300만원이 되기에 우리가 할 수 있는 액수가 그것뿐이었던 것이다.

처음 교회에 나온 초신자까지 함께 동참을 하였다. 어린아이들도 함께 했다. 그러나 승합차를 구입하기엔 부족했다. 어느 날이었다. 날마다 3만원을 외치는 예쁜 아내에게 남편이 ‘도대체 그 3만원이 뭐냐’ 며 핀잔을 주듯 물었다. 자초지정을 듣고 보니 그 액수로는 터무니없는 것을 알았다. 그렇지만 순진한 아내의 고백에 감동이 되어서, 어느 날 키 크고 날씬한 젊은 새댁이 숨 가쁘게 달려왔다. 그리고는 남편이 준 돈을 성큼 내 놓았다. 우리의 3만원이 금방 300만원이 되어서 즉시 장안평 중고시장에 가서 빨간색 봉고

차를 구입했다. 이제는 초보운전을 뒷면 유리에 멋지게 붙이고 열심히 심방을 했다. 교인들을 태우고 자랑스럽게 여기저기 다녔다.

사당동 우성아파트 위를 오르려면 제법 비탈이 있었다. 수동 기어의 서툰 운전 실력으로 그 언덕을 오르다가 멈추기라도 하면 보통 식은땀이 나는 것이 아니었다. 뒤로 밀리고 또 밀려서 겁이 몹시 났다. 그래서 초보인 내가 운전을 한다면 교인들은 타기를 꺼려했다. 그래도 언제나 나와 함께 타 주는 아내가 있었으니 고마웠다. 함께 내 곁에 있으니 기뻤고 역시 나를 믿어주는 아내가 힘이 되었고 최고였다.

그 후 27년이 지난 지금에도 또 일이 벌어졌다. 신도시 동탄에 아름답게 지어진 교회를 매입하는데 자그마치 수십억 원이 들었다. 어려운 중에도 오병이어의 기적을 체험하며 여기까지 왔는데 마지막 12월까지 3억이 필요했다. 약속을 지키지 못할 상황에서 아무리 해도 그동안 최선을 다해 왔던 우리에게는 다만 3만원도 어려운 실정이었다. 그래서 3억이라는 액수가 우리에게는 큰 부담이 아닐 수 없었다. 어떻게 할 방법이 없었다. 역시 '억'이라는 말이 들어가니 '억'하고 모두가 놀라는 표정들뿐이었다.

2011년 12월 30일의 마지막 2주를 남겨놓고, 하나님께서 어찌나 급하셨던지 갑자기 일이 시작되었다. 주님이 개입하시어 바삐 움직이게 하더니 순식간에 25일 크리스마스 선물로 이것저것 듬뿍 안겨 주신 것이다. 2011년 성탄절 최고의 값진 선물로 단숨에 3억 원을 주셨다. 온 교우와 함께 얼마나 기뻤는지 축제의 성탄절을 보낼 수 있었다. 극적인 드라마틱한 하나님의 일하심은 정말 놀랍고 큰 간증이 되고 있다.

3만원의 해결자 되신 하나님은 지금도 동일한 하나님이시기에 오늘도 3억 원의 기적을 보여 주셨다. 계속해서 이런저런 얽힌 모든 문제들까지 아주 멋지게 처리해 주시는 주님을 찬양한다.

2012년 1월 15일

김헌수 목사 저서 출판기념회(감리교 본부)

2012년은 더 행복합니다!

태초에 하나님께서 우주만물을 창조하셨습니다. 그리고 모든 것들이 보시기에 심히 좋았습니다. 이것이 원래의 세상 모습입니다. 정말 아름다운 것이 이 세상이었습니다. 거기에 하나님은 특별히 사람을 지으시고 더 행복해 하셨습니다. 선하신 하나님의 형상대로 사람을 창조하셨기에 당연히 좋을 수밖에 없었던 것입니다.

그러나 지금 세상은 변질되었습니다. 왠지 한숨과 신음의 소리가 들리고 있는 것입니다. 이유는 간단합니다. 이 아름다운 세상에 죄가 들어왔기 때문입니다. 죄는 사람들을 타락하게 만들었고, 사람이 죄 가운데 빠지다보니 온통 온 땅이 병들게 된 것입니다. 멸망의 종말을 향하여 치닫고 있는 것입니다.

문제는 사람입니다. 사람이 의로우면 됩니다. 사람이 거룩하면 됩니다. 하나님은 사람에게 "내가 거룩하니 너희도 거룩하라"고 말씀하십니다. 사람이 언제나 어디에서나 중요한 것입니다. 사람이 죄로 물들면 이 세상도 더럽게 됩니다. 사람이 건강하지 못하면 이 세상도 똑같이 병들게 됩니다. 사람이 타락하면 문제가 심각해지는 것입니다. 그렇기에 사람은 선하신 하나님을 절대로 떠나면 안 됩니다. 그것이 바로 악이며 죄이기 때문입니다.

이제 하나님이 허락하신 2012년을 아름다운 세상으로 다시 회복시켜야 할 사명이 있습니다. 보시기에 심히 좋았더라의 모습으로 원상복귀 시켜야 합니다. 이를 위하여 가장 급선무는 먼저 사람에게 달려있는 것입니다. 사람이 바뀌고 변해야 하는 것입니다.

예수님도 우선순위가 사람에게 있었던 것입니다. 우리 꿈너머꿈교회의 2012년도 표어가 '12의 꿈을 펼쳐라' 입니다. 2012년 12의 꿈은 바로 12제자의 사람을 만드는 것입니다. 사람에게 초점을 맞춘 것입니다. 먼저 사람이 중요하기 때문입니다. 그래서 하나님의 사람으로 만들고, 12제자가 될 수 있도록 양육하고 훈련하는 것입니다. 이에 다음세대를 살리고, 글로벌리더로 키우는 것입니다. 그리고 수많은 열방의 사람들이 주께로 돌아와서 예배하게 하는 것입니다. 우리 모두 임진년 새해에 제자 되어 살아갈 수 있으면 좋겠습니다. 하나님은 지금 이 순간에도 '너는 내 것이라' 고 친히 말씀하고 계십니다.

그토록 우리 사람들이 주님의 것이 되기를 소원하고 있습니다. 사람들은 죄로 얼룩진 세상에 속한 것이 아니고, 사단의 것도 절대로 될 수 없습니다. 그렇기에 죄를 쫓아가면 안 됩니다. 죄와는 상관이 없는 것입니다.

우리는 분명히 주님의 것으로 가장 존귀한 주님의 소유된 제자들입니다. 하나님의 꿈을 이루는 것이 우리의 꿈입니다. 그래서 우리는 언제나 행복할 수 있는 것입니다.

우리 사람들을 통하여서 끊임없이 계속해서 일하실 2012년도가 기대됩니다. 이제 2012년에 제자 됨의 꿈이 있기에 정말 더 행복합니다.

2012년 2월 5일

이름!

미국에서 나의 사랑하는 제자, 이 집사가 오랜만에 고국을 찾아왔다. 어느새 훌쩍 커버린 딸과 아들을 데리고 함께 온 것이다. 몸된 교회에서 충성하던 귀한 믿음의 딸이 미국으로 시집을 갔던 것이다. 그곳에서 첫 아이를 임신하여 출산할 때까지 또 그 후에도 전화로 언제나 기도를 요청했고 기도를 받곤 했었다.

첫 애를 낳아서 너무 소중한 자녀이기에 한국 이름을 지어 달라고 또 주례까지 했기에 부탁을 받았던 것이다. 며칠을 기도하다가 '예나'라고 했던 기억이 새롭게 느껴졌다. 이번에 여고생이 되어서 한국에 온 것이다. 세월의 흐름을 실감하며 반갑게 맞이했고 주일 예배 후에 함께 점심을 나누면서 물었다.

'네 한국이름이 무엇인지 아니?' '예, 예나에요.' '옳지, 그렇지, 예나~ 예쁜 이름이네, 근데 그 이름 누가 지어준 줄 아니?' '예~ 목사님께서 지어 주셨잖아요.' '오, 잘 알고 있구나, 참 감사하네, 근데 그 이름의 뜻이 무엇인지 아니?' '예, 나는 예수님 것입니다.'

예나의 대답에 너무 예뻤다. 그렇다. 예나! '예수님의 것'이며, '예수님은 나의 구주', '예수님은 나의 생명', '예수님의 나의 주인', '예수님은 내 삶의 모두'라는 뜻으로 지었던 것이다. 또 있다. 예나! '예~ 나입니다.' '오직 예'일뿐, '아멘'이며 '순종뿐인 나'라는 뜻으로 지어준 이름인 것이었다.

이름 그대로 이 아름답고 멋진 이름값을 감당하는 예나인 것을 보고 느끼면서 하나님 앞에 감사기도를 했다. 모처럼 예나와 함께 하는 주일점심은 목회자로서 더욱 행복을 느끼게 하는 시간이었다.

많은 사람들이 우리교회 이름을 누가 지었냐고 묻는다. 교회 이름을 보고 나도 꿈이 생겼다고 좋아하는 교인도 있다. 그 말을 듣고 나도 또 꿈이 생겨서 좋고 행복을 느끼게 된다.

하나님의 꿈을 이루기 위한 나의 꿈인 것이다. 그러기에 나의 꿈 그 너머에 또 계속해서 꿈은 펼쳐지는 것이다. 나의 꿈으로 끝나는 것이 아니라, 하나님의 꿈을 이루기 위한 나의 꿈은 계속 이어져가야 하는 것이다. 그래서 꿈 너머로 계속 꿈은 전개되는 것이다.

이제 하나님의 꿈을 이루기 위해서는 나의 꿈이 포기될 수 없고, 중단될 수 없는 것이다. 그리고 하나님의 꿈을 이루기 위한 나의 꿈이기에, 내 꿈 역시 무엇이 되던 너무도 아름다운 것이 되는 것이다.

꿈은 사람에게만 있다. 동물에게는 꿈이 없다. 하나님은 사람에게 꿈을 주셔서 하나님의 일을 하게 하신다. 그래서 그 꿈을 통하여 사람들을 행복하게 만들어 주시는 것이다. 그렇다. 사람들은 언제나 꿈이 있으면 행복하다. 그러나 꿈이 없으면 힘들어지는 것이다. 마귀는 우리에게 꿈을 빼앗아 간다. 그렇지만 성령은 우리에게 값진 꿈을 품게 하는 것이다.

아무리 큰 부자라 할지라도 이름이 없었다. 그러나 가난했지만 그에게는 이름이 있었다. '나사로' 였다. 지금 나의 이름은 있는가? 어떤 이름이 되었건 사실 하나님 앞에 기억되는 이름이 되는 것이 가장 중요하다. 아무리 아름답고 해석이 좋아도 하나님이 "나는 너를 모른다"라고 말씀하시면 아무 소용이 없다. 분명히 나의 이름이 생명책에 기록될 뿐 아니라, 특별히 주님 나팔 불 때에 나의 이름이 불려져야 할 것이다.

세상에서보다 하나님 앞에 인정받는 노아의 이름, 형제들의 미움 속에서도 아버지 마음에 기억하는 요셉의 이름이 되기를 꿈꾸며 감사기도를 드린다.

2012년 2월 19일

아들, 며느리의 찬양

출판기념회(100주년 기념관)

최고가 아니면 핵심이 되라!

좋은 만남이 되어 지금은 아주 절친한 관계가 되었다. 전혀 모르던 남이었는데 하나님의 특별한 섭리로 이제는 안보면 보고 싶을 정도가 되었다. 가깝게 지내다 보니 흉허물이 없는 사이가 되어서 지난번 가족과 함께 곤지암에 머물고 있을 때에도 연락이 왔다.

자연스럽게 대화가 오가게 되었는데, 큰 은혜와 도전이 되는 말이 지금도 기억에 남아있다.

그에게 삶의 좌우명처럼 여기고 있는 신조가 있었다. 언제 어디에서나 내가 속한 곳에서 최고가 되려고 노력을 한다는 것이다. 그런데 만약 최고가 되는 것이 불가능하거나 어렵다고 판단되면 그 속한 곳에서 핵심이 되어야 한다는 것이다. '최고가 되자. 아니면 핵심이 되자'는 것이 지금까지 살아온 그의 인생이었고 또 그렇게 살아가고 있다는 것이다. 아닌 것이 아니라 그래서인지 그는 굴지의 기업에서 인정받아 부사장의 위치에까지 최고의 승진을 하였던 것이다.

또한 한국교계에서도 이름만 대도 알 정도의 부러워할 만한 대교회의 장로로서 교회의 핵심으로 충성하고 있다. 그는 이같이 말했다. 처음 교회에 갔는데 기라성 같은 훌륭한 장로님들이 많이 계셨다. 그런 교회에서 최고가 될 수 없기에 핵심이 되리라는 생각으로 자원하여 교회학교에서 봉사를 하였다. 누가 알건 모르건 열심히 맡겨진 직책에 최선을 다했다는 것이다. 기타를 치며 찬양인도를 하고 충성을 다하여 아이들과 함께 호흡하며 교사로 섬기면서 교회학교를 부흥시켰다. 10년이 넘도록 아침 일찍 교회에 나와 열심히 일을 하다 보니 교회교육에 핵심이 되어 빠질 수 없는 위치가 되었다는 것이다. 자연스럽게 나도 모르는 사이에 교회의 중심이 되어있었고, 그러기에 대내외적으로 그 공로를 인정받아 많은 상도 받게 되었다는 것이다.

때가 되매 장로로 천거되었다. 당연히 온 성도들이 지지했다. 장로가 된 후에도 여전히 목사님을 더 가까이서 잘 보필하고 목회에 협력자로서 최선을 다하여 섬기고 있다. 끊임없이 또 변함없이 끝까지 충성하는 모습에 담임목사님의 핵심이 되어 있는 것이다. 그 큰 교회를 꾸려가며 교회와 성도들에게 핵심이 되어 훌륭한 장로로 칭송을 받고 있는 것이다.

그렇다. '최고가 아니면 핵심이 되라!' 너무 멋진 말이다. 이러한 자세와 나름대로의 신조를 가지고 살아간다면 어느 분야에 있건 꼭 필요한 존재가 될 것이다. 언제나 값지게 쓰임 받게 될 것이다. 그렇기에 늘 성실하게 노력하지 않을 수 없고 또 최선을 다하지 않을 수 없게 되며 그리고 후회 없는 삶을 살아가게 될 것이다.

우리는 어느 곳에 있거나 무슨 역할을 하든지 꼭 있어야 할 존재, 정말 필요한 사람, 없으면 찾아야 되는 빠질 수 없는 핵심이 되었으면 좋겠다. 있어도 별 도움이 안 되는 있으나 마나하지 말아야 될 것이다. 당신은 어디, 어느 분야에서 일하며 살아가고 있는가?

있거나 없거나 별 가치와 영향도 없는 존재인가, 아니면 꼭 있어야 하는 핵심이 되고 있는가?

2012년 3월 4일

김헌수 목사 찬양앨범

출판기념회(100주년 기념관)

출판도서 감수(김범수 교수)

축사(김진호 감독)

축사(이양호 연세대 교수)

축사(이요한 박사, 전 목원대총장)

하나님은 살아계십니다

목사로서 매주일 설교할 때마다 제일먼저 고백하며 선포하는 말이 있다. "하나님은 살아계십니다"라고 서두에 밝힌다. 그리고 그 날의 주제에 따라 살아계신 하나님께서 지금 무엇을 하고 계신지에 대하여 언급을 하는 것이 나의 설교 패턴이다.

지난 토요일 서울 올림픽공원 앞에 있는 임마누엘교회에서 결혼식이 있었다. 양가대표 부모의 인사말을 하게 되었다. 웅장한 본당에서 수많은 하객들이 모여 있었지만 한눈에 들어왔고, 평소 단상 마이크 앞에서 하던 습관대로 또 말했다. "하나님은 살아계십니다"라면서 인사말을 시작했다.

나를 잘 아는 우리 교인들은 첫 멘트에 아멘하며 반응을 보였다. 왜냐하면 오늘에 이르기까지의 모든 과정을 나와 함께 한 교인들은 너무도 잘 알고 있었기 때문이다.

그 누구보다 목회자 자녀이기에 모든 쓰라림의 아픔까지 함께 겪어야만 했는데, 믿음으로 잘 이기고 극복한 것이다. 하나님은 살아계셔서 우리의 간증이 될 만한 위치로 딸 소임이가 반듯하게 자라서 이 아름답고 축복된 결혼식을 하게 되었으니 우리의 고백이 아닐 수 없었던 것이었다.

"아빠, 우리 하루 날 잡아서 실컷 울자. 그래야 결혼식날 울지 않지"라고 하면서, 미리 눈에서 눈물을 다 없애 버리자고 했는데, 사실 그렇게 할 시간여유도 없었던 것이다.

지금까지 딸이 기억할 수 있는 3살부터 30살이 넘도록 개척교회 목회자 자녀로서 겪고 당했던 아름다운 추억들(?)은 마음껏 눈물을 흘리고 싶기에 충분한 사건들이었던 것이다.

목사야 마땅히 주의 길을 걷는 사명자이며 또 부름받아 나선 이 몸이기에 "아골골짝 빈들에도 어디든지 가오리다"가 되고, "비바람이 앞길을 막아도 나는 가리, 주의 길을 가리"외치며 "이 길은 영광의 길, 이 길은 승리의 길"이라고 찬양을 할 수 있는 것이기에 괜찮다. 또 목회에는 눈물과 기도로 끝까지 함께하는 잊을 수 없는 자랑스러운 값진 성도들도 있지만, 그와 반대로 무 자르듯 또 그냥 떠나가 버린 성도들이 있는 것이다.

그렇지만 자녀들은 떠날 수도, 도망갈 수도, 모른 채할 수도 없고, 모진 비바람의 험한 풍파를 그대로 다 맞고 시달림을 당하면서 30년 이상을 지켜왔던 것이다.

남몰래 쉼 없이 눈물로 침상을 적시며 주님만을 바라보며, 이 모든 난관을 이기고 당당하게 어엿한 자태로 최고의 아름다운 웨딩드레스를 입고 서 있는 모습을 보니 내 딸이라서가 아니라, 그 어느 때 누구의 결혼식보다 더 감동이었으니, 말 그대로 "하나님은 살아계십니다"라는 말이 실감나는 것이었다.

그 숱한 사방에 우겨쌈을 능히 극복하고 언제나 함께하는 성도와 신도시 동탄에서 꿈을 가지고 행복하게 목회를 할 수 있는 것은 정말 좋으신 하나님이 계시기에 가능한 것을 고백하며 여전히 계속해서 "하나님은 살아 계십니다"가 나의 외침이며 간증이 되고 있는 것이다.

2012년 3월 18일

지옥철을 탈 이유가 없는 목회!

지난 수요일 저녁예배가 다 끝날 때쯤에서야 최 권사가 들어왔다. 늦게 온 것이다. 허긴 이곳 동탄까지 멀리 안양에서 일을 끝내고 달려오니 퇴근시간에 늦을 만도 하다. 예배가 끝나자마자 예배에 집중하기보다는 오히려 빨리 끝나기를 바랐다는 듯이 내게 달려와서 말을 한다. "목사님! 정말 지하철이 아니라, 지옥철이었어요. 그러지 않아도 늦어서 빨리 가려고 전철을 탔는데 정말 사람들이 말이 아니었어요. 여기저기 찡겨서 몸이 뒤 엉퀴고, 지옥 같았어요" 하는 것이었다. 지하철을 지옥철 같다면서 변명삼아 늦게 온 이유를 설명하고 있는 것이었다.

"누가 뭐래? 잘했어요. 지옥철을 탔으면 그대로 지옥에 가는 것인데, 그래도 다행히 지하철이라 여기까지 살아서 왔네요, 잘 탔고, 잘했어" 위로하며 격려를 하였다.

아닌 게 아니라, 옛날 생각이 났다. 벌써 80년대 초의 일이다. 아침마다 가장 힘든 일이었다. 출근을 하기 위하여 아침밥을 급히 먹고는 늦을 새라 전철역까지 뛰어야 했다. 헐떡거리며 겨우 지하철을 타지만 언제나 빽빽이 들어설 자리가 없어서 여간 힘든 것이 아니었다. 밖에는 아예 떼어 미는 힘 좋은 전문가 직원이 서 있어서 마구 밀어 붙였다. 안에서는 아우성 소리가 들리고, 밖에서는 한명이라도 더 태우려고 안으로 들어가라면서 소리를 지르고 밀었다. 그럼에도 또 꼭 타야만 하는 사명감을 가진 사람들은 안간힘을 쓰고 발만이라도 안으로 디밀며 가까스로 몸을 싣기도 했다.

지금은 목회를 하니 전혀 출퇴근의 그 시달리는 일이 없다. 목회가 좋은 것이다. 몰라서 그렇지 정말 아침저녁으로 짐짝 싣듯 실려 가는 것은 보통 힘든 일이 아니다. 목회하기 전에 직장생활을 할 때에 전철과 버스, 무엇을 타든지 정말 지옥이었다. 한꺼번에 사람들이 몰려와서 서로 먼저 타려고 앞 다투며 난리법석을 치면서 힘을 다 빼 지치기도 했었다.

국립서울정신병원에 근무할 때에는 출퇴근 전용버스가 있었다. 신설동 신혼집에서 아내가 해주는 아침밥을 먹을 수도 있었고 그때는 너무 편하고 좋았다. 시간을 맞춰서 나가면 우리 직원들만 탈 수 있기에 찡겨 탈 이유가 없었다. 또한 출근시간에 늦을 이유가 없고 혹 길이 막혀 늦어도 정상적인 출근도장을 찍는 데에 아무 이상이 없었다. 그리고 편안한 마음으로 눈을 감고 있어도 종착지에 도달하면 병원이었고, 모두가 내리기에 지나칠 이유도 없었다. 출근길의 간단한 아침잠은 달콤했다. 그때의 그 기억들이 참으로 좋았다.

그러나 지금은 더 좋다. 목회는 출퇴근이 없기에 일반 대중교통에 시달릴 이유가 없다. 아니면 매일같이 출퇴근 버스를 시간에 맞춰서 타야하는 압박감도 없는 것이다. 허긴 매일같이 새벽 일찍 집을 나서야 되지만 한적한 도로에 길이 막힐 이유가 없다.

새벽 일찍 어둠을 뚫고 교회를 향하는 발걸음은 가볍다. 새벽을 깨워 아침 일찍 출근하는 목회는 지옥철을 탈 이유도 없고 정말 좋다.

2012년 4월 1일

지극히 정상적인 국회!

일반적이고 대부분의 상식적인 틀이 깨어지면 비정상이 된다. 지금은 봄의 계절이다. 그런데 4월에 눈이 내리고 또 한여름 태풍처럼 바람까지 몰아치기도 했으니 날씨가 정상은 아닌 것이었다.

내가 어렸을 때의 60~70년대만 해도 안경 쓴 학생들이 별로 없었다. 일부의 소수였기에 그들이 비정상처럼 보였지만, 지금은 대다수의 학생들이기에 지극히 정상으로 보인다.

처음에는 소위 핸드폰을 일부 사람들만 가지고 있었고, 없어도 아무 불편없이 괜찮았다. 그런데 지금은 상황이 다르다. 많은 사람들이 갖고 있기에 없는 것이 비정상이 돼 버렸다. 그리고 스마트폰을 사용하지 못하거나 카톡을 모르면 정상이 아닐 정도가 돼 버렸다.

요즈음 학생들은 많은 학원들을 다양하게 다닌다. 그렇기에 그냥 학교만 오가면 오히려 친구들에게 외톨이가 되고 부모들도 비정상처럼 여겨지게 된다.

우리가 자라고 어른이 될 때만 해도 결혼 전에 동거하면 비정상이었다. 혹 임신을 하게 되면 엄청난 수치로 여겼다. 만약 실수를 해도 쉬쉬하며 숨겼고, 소위 속도위반을 하면 아주 부끄러운 것으로 알고 있었다. 그러나 이제는 이를 이상하게 여기지 않고, 그러한 일들을 쉽게 보고 듣다보니 일반화되었다. 그렇기에 이상할 것도 없고 정상처럼 되고 말았다.

대학에 입학한 청년이 걱정을 한다. 신입생 오리엔테이션 엠티를 가서 어울리지 않고 술을 마시지 않으면 왕따가 된다는 것이다. 회사에 취업한 청년도 회식자리에 또 술자리에 혼자 빠질 수가 없다는 고민을 털어놓는 것이다. 대부분이 다 그렇게 하고 있기에 혼자만 유별나게 빠지거나 외면할 수 없다는 것이다.

이제는 국회에서 싸움박질을 하고 욕지걸이를 해도 너무 쉽게 보는 일들이기에 오히려 정상으로 보인다. 자주 보고 일반화되다 보니 그렇게 느껴지는 것이다. 이처럼 세상은 참으로 이상하게 돌아가고 있다. 지금 우리는 어떤 면에서 비정상적인 세상을 정상처럼 살아가고 있는 지도 모른다. 정신 차려야 한다. 아무리 많아도 옳게 지켜야 할 것은 지켜져야 한다. 절대 다수를 차지하고 있다 해도 아닌 것은 아니고, 잘못된 것은 잘못이다. 좋은 게 좋은 게 아니고, 옳아야 좋은 것이다.

지금까지 많은 수를 차지해서 국회를 장악하려고 온갖 비방과 다툼으로 이 세상을 시끄럽게 해왔다. 무조건 다수를 차지해야 산다는 잘못된 강박관념에 사로잡힌 결과로 모두가 실패한 피차 상처투성이일 뿐이다.

이제는 아니다. 많고 적음을 떠나 진정으로 국민을 대표하는 옳음의 정치가 이뤄져야 할 것이다. 다수를 차지했다면 더욱 그래야 할 것이다. 분명한 옳고 그름의 판단력과 가치관을 가지고 다수와 소수가 함께 손을 잡고 나라와 국민을 위한 모습을 보여야 할 때가 되었다.

이제야말로 우리 모두에게 신뢰를 받는 자랑스러운 한국국회가 되어 세계적으로 국위선양까지 할 수 있기를 기대한다.

2012년 4월 15일

행복한 가정 vs 불행한 가정

하나님이 사람을 창조하셨다. 처음에는 아담 혼자만 지으셨다. 그렇지만 외롭지 않도록 또 하와를 만드셨다. 홀로 두지 않고 함께 더불어 살게 한 것이다. 이제 그들은 서로 사랑하는 관계가 되었다. 그래서 '뼈 중에 뼈요, 살 중에 살'이라고 말할 수 있었다. 이것이 바로 가족이다.

가족은 혼자가 아니다. 나 혼자는 가족이 될 수 없다. 가족은 함께 있는 것이다. 그리고 함께 살아가는 것이다. 가족이 있기에 절대로 외롭지 않다. 그래서 가족은 언제나 힘이 된다.

가족은 사랑으로 시작되었다. 가족에게는 사랑의 속성이 있다. 그래서 사랑의 고백으로 마음껏 말하고 표현할 수 있다. 절대로 부끄럽지 않은 것이다. 가족을 통하여 사랑을 받고 또 사랑을 하면서 배우는 것이다. 가족들과 사랑을 나누면서 사랑의 사람이 만들어지는 것이다. 가족은 그 사랑이 있기에 가장 값지고 존귀한 것이 된다.

이 땅위에 가장 좋은 것이 또 언제나 잊을 수 없는 것이 바로 가족인 것이다. 항상 그리운 존재가 바로 가족이다. 하나님 최고의 작품 중에 하나가 가족이다. 그래서 이 세상은 하나님 보시기에도 심히 좋았더라의 아름다움이 있는 것이다. 그렇기에 참 아름다워라 주님의 세계는 하면서 찬송을 하게 된다.

이제 아담과 하와가 첫 가족이 되었기에 가인과 아벨이 존재하게 된 것이다. 사랑하는 한 가족이 되었다. 그들은 함께 상호 관계 속에서 살아가게 되었는데 이것이 가정이다. 이처럼 가정은 가족 된 자들이 더불어서 관계를 맺고 살아갈 때에 이루어지는 것이다.

그렇지만 서로의 생각이 다르고 뜻이 다를 수도 있다. 그렇다고 미워하면 안 된다. 시기해도 안 된다. 싸워도 안 된다. 왜, 가족이기 때문이다. 그러나 가인은 동생 아벨을 죽였다. 가족이 누구이며 어떤 관계인지 이해를 못하고 또 몰라서 살인자, 불행한 가정이 되고 말았다.

우리 꿈너머꿈교회에서 강조하는 말 중에 우리는 한가족이라는 것이다. 우리는 가족이기에 외롭지 않고 힘들지 않다는 것이다. 절대로 혼자가 아니고 함께 있다는 것이다. 가족이기에 서로 돕고 섬기며 언제나 사랑하자는 것이다. 믿음의 한 가족 된 우리는 함께 하나님께 예배하는 가정, 하나님을 경외하는 가정, 축복된 가정, 행복한 가정을 이루어가고 있는 것이다.

강원도 시골에서 자란 나의 가족 아버지는 예수가 없고 술이 있었다. 나의 가족 엄마는 인자와 용서가 있었다. 그러기에 아버지가 술을 드시는 날이면 싸움으로 돌변했던 불행한 가정의 기억이 있다. 그래도 또 엄마의 재치와 사랑으로 아름다웠던 행복한 가정의 추억들이 있다. 지금 나에게는 술이 아닌 예수가, 엄마의 사랑이 있는 것이다. 그렇기에 믿음의 가정, 행복한 가정이 되고 있는 것이다.

가족 된 사람들이 어떠냐에 따라서 다양한 모습으로 행복한 가정

또는 불행한 가정이 되기도 한다. 지금 나의 가정, 우리들의 가정은 어떠한가? 가족 된 나는 어떤 존재인가? 아버지로, 엄마로, 아들, 딸로서 누구인가?

나 중심의 바쁘다는 핑계로 외롭고, 대화가 없기에 행복을 잃어버리는 고독한 가정을 만들고 있지 않는가? 아니면 이해하고 돌보며, 하루일과를 마치고 이야기꽃을 피우면서 찬송과 기도가 있는 축복된 가정을 만들 것인가는 가족 된 나에게 달려있는 것이다.

신록의 계절, 어린이날과 어버이날이 있는 가정의 달! 5월의 푸르름으로 행복한 가정들로 바뀌고 변화되는 은혜가 있기를 기대하며 내일의 맑은 하늘을 바라본다.

2012년 5월 6일

진창기 장로(사돈)와의 찬양

출판기념회 안내위원

핑크 공주 손녀 소율

왜 기쁘지 않습니까?

자녀들이 밥을 잘 먹지 않으면 속상하다. 그러나 엄마가 해 주는 밥을 또 남편이 맛있게 먹으면 아내가 기쁘다. 함께 살아가는 가족이 기쁘면 온 가족 모두에게 기쁨이 된다. 사람은 함께 살아가는 존재이기 때문에 그렇다. 함께 살고 있는 상대가 좋아하면 그것 때문에 서로에게 기쁨이 되고 거기에 행복이 느껴지는 것이다. 사실 행복은 나 혼자 만들어 내는 것이 아니다. 함께 살아가고 있는 사람을 통하여 만들어지게 된다. 그렇기에 나와 함께 살고 있는 자가 어떠냐에 따라서 나의 행복도 달라지는 것이다.

나는 목사다. 그렇기에 성도들과 함께 인생을 살아가고 있다. 당연히 나의 기쁨은 성도들에게 달려있다. 날마다 교인들을 만나면서 그들의 희로애락이 나에게도 그대로 이루어진다. 교인들과 삶을 함께 나누면서 그들 때문에 기쁘고 감사하고 행복하기도 하지만 또 상처가 되고 실망이 되는 경우도 있는 것이다.

우리 교회 교인들은 동탄과 이곳 주변의 병점과 오산에서 나오기도 하지만, 안양과 평촌 또 서울 사당동과 방배동, 강화에서도 나온다. 제법 멀기도 하지만 열심을 다하는 그들을 보면서 내가 기쁘다. 왜냐하면 그들이 기뻐하기 때문이다. 그 기뻐하는 모습에서

나 역시 한없이 기쁨을 나누며 목회의 행복감을 느끼게 한다.

아들 종훈이가 암에 걸려서 눈물 흘리던 이정아 집사 때문에 나도 마음이 너무 아팠다. 나와 함께 삶을 나누는 집사님이 슬퍼하니까 나도 슬펐다. 그러나 아들이 회복되고 완전히 치료되어서 기뻐하는 모습을 보며 나 역시 너무 기뻤던 것이다. 사격선수 이래가 전국대회에서 3등을 했는데, 그의 기쁨은 곧 나의 기쁨이었다. 진욱이가 야구대회 우승을 차지했고 MVP 선수로 선정된 기쁨이 나의 기쁨이 되었다. 하은이와 윤섭이가 장학금을 타서 그의 부모가 기뻐하고 내게 자랑을 하니 나도 감사했고 행복하며 기쁜 것이었다. 지난주에는 카드를 받았다. 평안이와 화목이가 엄마 아빠와 함께 가족사진을 붙어서 예쁘게 만들어 스승의 날이라고 글을 썼다. 목사님을 만나 날마다 말씀에 감동이 되고 은혜를 받아서 감사하다며 우리 가정이 너무 행복하다며 케이크까지 선물했다. 그 기뻐하는 모습에서 나도 기뻤다. 내가 기뻐하니 내 아내와 온 교인들도 다 함께 기뻐했고 내 삶의 행복으로 이어졌다.

내 삶의 기쁨은 어디에서 오는가? 내가 기쁘려면 먼저 나와 함께 살아가고 있는 사람을 기쁘게 하면 그게 바로 나의 것이 된다. 지금 나와 함께 삶을 영위하고 있는 자가 누구인가? 또 나와 함께 살고 있는 나의 가족은 어떠한가? 내가 그들을 기쁘게 해 줄 수 있다면 거기에서 나의 행복을 찾을 수 있는 것이다.

우리 하나님도 마찬가지로 우리가 기뻐할 때에 하나님 기뻐하신다. 그래서 우리보고 날마다 염려하지 말고 기뻐하라고 하셨다. 우리가 슬퍼하면 하나님도 기쁠 리 전혀 없다.

2012년 5월 20일

"푸른 5월이 참 좋았습니다"

나는 5월이 좋다. 무한한 가능성이 꿈틀거리는 어린이날이 있어 좋고, 낳으시고 기르시는 부모님의 은혜를 기억할 수 있는 어버이날이 있기에 더 좋다. 그리고 또 스승의 날이 있어 더 감사하고, 부부의 날로 아름다운 가정을 주신 하나님께 감사하며 행복을 느끼며 나눌 수 있는 소중한 계절이기에 참 좋은 것이다.

그렇지만 아무리 좋다고 마냥 붙잡아 놓을 수는 없다. 그래서 지금 이 5월을 우리 곁에서 떠나 보내고 있다. 사랑하는 딸을 아쉬워도 보내야 하는 것처럼 사람이나 시간도 때가 되면 가야하는 것이다. 5월을 보내야 깊은 신록의 6월, 그 푸르름을 맞이할 수 있기 때문이다. 분주했던 시골녘의 모내기가 차츰 더 진하게 변하여 가을의 풍성한 쌀농사 수확을 기다리는 기대를 할 수 있기에 더 아름다운 것이다.

나에게는 정말 참 좋은 것이 또 하나 있다. 바로 젊음이다. 그래서 젊은이들을 좋아한다. 그들에게는 무한한 잠재력이 있다. 그리고 패기와 아이디어를 가지고 무한대로 뻗어나갈 수 있는 강함이 있다. 이러한 젊은이들을 보면 가슴이 뛴다. 그리고 설레게 되며 가까이 하고 싶어진다.

이 계절에 그러한 기분을 느끼게 한 뭉클한 기회가 있었다. 감리교를 태동시킨 존 웨슬리 목사의 회심을 기념하는 성회가 열렸다. 충청연회 온양동지방 웨슬리회심기념연합성회에 부족한 자가 강사로 초빙되어 집회를 인도했다. 여기에서 가슴을 뛰게 하는 현장으로 나를 이끌었던 것이다.

예배시간 전에 교회에 도착했고 본당 안에서는 찬양소리가 들려왔다. 강사이기에 담임목사실로 먼저 안내를 한다. 잠간 차 한잔하시고 쉬었다가 단에 올라가면 된다며 자연스럽게 인도한다. 그러나 머뭇거렸다. 나의 마음은 본당 안에서 흘러나오는 찬양에 더 관심이 있었기 때문이다. 누가 어떻게 또 성도들은 어떤 표정으로 함께 찬양을 하는지 보고 싶었다. 양해를 구하고 바로 본당에 들어섰다. 찬양 인도자가 기타를 메고 몇 명의 싱어들과 함께 또 베이스기타, 드럼, 신디 등으로 젊은 청년들이 찬양을 인도하고 있었다. 대체적으로 집회 찬양인도와 또 피아노, 신디 역시 자매들로 주를 이루는 것이 보통인데 그렇지 않았다. 싱어나 챔버팀 모두가 남자들이었다. 그리고 젊은이들이었다. 그들이 바로 지방 목회자들이었다. 그 젊음의 열정에서 목회의 가능성을 볼 수 있었기에 더 흥분이 되었다. 어우러져 생기 넘치는 찬양의 모습에 감동이 되었고, 마음이 뜨거워졌다. 웨슬리 목사님의 마음을 뜨겁게 했던 말씀과 찬양이 그대로 묻어나는 듯 설레게 했다.

젊은 목회자의 꿈은 지방을 변화시키며, 교계를 새롭게 하며, 민족을 살리고, 열방을 향해 하나님 뜻을 이룰 수 있는 것이다. 얼마나 귀하고 아름다운가, 젊음이 있는 계절에 젊은 목회자를 통한 내일의 푸른 목회의 꿈을 꿀 수 있는 5월이었기에 행복하고 참 좋았다.

2012년 6월 3일

대한민국의 대표선수

우리나라는 자유민주국가이다. 그래서 종교의 자유가 있다. 예수를 믿건, 불교의 절에 다니 건 또 어디 무엇을 믿건 문제가 될 것이 없다. 자유가 있기 때문이다. 그러나 만약 예수를 믿지 않는 사람이 목사가 된다면 그것은 아니니다. 만약 그러한 사람이 목사로서 사역을 한다면 그는 사이비이며 불손한 의도가 분명히 있는 것이다. 오히려 교회를 망가트리고 전혀 교회에 도움이 되지 못하기에 절대로 그렇게 될 수 없다. 선수라면 당연히 자기편을 위하여 죽도록 뛰어야 한다. 그렇지 못하면 선수 박탈을 당하게 된다.

최근에 아주 시끄럽고 재미있는 기사가 연일 보도되고 있다. 19대 국회에 당선된 일부 국회의원들을 보면서 정말 어느 나라 사람인가 의구심이 들 정도다. 과연 대한민국의 국민을 대표하는 국회의원인지, 어느 나라에 살고 있는 사람인지 잘 모를 정도다.

자유민주국가인 우리나라에서는 누구라도 언제든지 무슨 말이라도 자유롭게 할 수 있다. 그리고 무슨 생각을 하건 괜찮다. 얼마든지 말할 자유가 보장 되어있는 것이다. 그러나 선수로 뽑힌 자가 마음대로 공을 찰 수 있다고 해서 자기 편 골대에 차 넣을 수는 없는 것과 같다. 대한민국 국민이 뽑은 제도권에 있는 공적인 위치에 있기 때문에 다른 것이다. 하고 싶다고 무엇이든 막말을 하거나 마음대로 행동할 수 없다. 그러나 지금 그들이 말하고 생각하는 것들을 보면 정말 어느 나라 대표로 발탁된 것인지 궁금하게 한다.

약 2만 5천명의 탈북자들이 있다. 그들은 온갖 억압과 배고픔의 굶주림으로부터 자유와 생명을 찾아 죽을 고비를 겪고 이 땅에 찾아왔다. 그들을 향하여 배반자라고 했다. 술에 취한 그 기운이라고 하지만 더 웃기는 변명이다. 본인이 애절한 배고픔을 겪거나 또 혈육의 식구와 자녀들이 그렇게 죽어간다면, 삶의 현장에서 또 감옥에 갇혀 인권유린을 당하면서 겪는 그 고통과 비참함을 안다면 그렇게 말 할 수는 없을 것이다.

자유국가라고 해서 얼마든지 표현의 자유가 있는 것이지만 그것은 국민을 대표하는 국회의원이기에 해서는 안 될 말이다. 일반 국민이나 또는 사회운동가로서는 그럴 수 있다. 얼마든지 괜찮다. 어느 개인이나 사회 단체기관이 그러한 사상을 가지고 있어도 자유민주국가이기에 가능한 것이다. 또 지지를 받을 수도 있다.

그러나 국회의원은 아니다. 절대로 그럴 수 없다. 우리가 김일성, 김정일, 김정은의 3대에 걸친 세습과 그 독재까지 인정할 수는 없는 것이다. 종북보다 종미가 더 문제라고 또 북한 인권법을 내정간섭이자 외교적 결례라고 까지 말할 필요는 없다. 마치 대한민국 국회가 아니라 북한 최고인민회의 대의원으로 착각할 정도인 것이다.

그들은 어느 선수인가? 마음 놓고 그들을 믿고 응원의 박수를 보내야 하는데, 과연 대한민국 선수로 뛸 자격이 있는가? 국민을 대표하는 국회의원으로 계속 출전시켜야 할 것인가?

2012년 6월 17일

한 여름의 영성 있는 계절!

내 아내는 영화를 좋아하고, 드라마를 좋아한다. 그리고 또 책을 좋아한다. 그래서인지 우리 두 자녀도 엄마를 닮아서 똑같이 그렇게 좋아하는 것을 볼 수 있다. 아내가 어쩌다 TV를 틀게 되면 자연히 영화 채널로 손이 가기 마련이다. 그렇게 되다보면 밤이 깊어가는 줄 모르고 그 속에 빠져 들어간다.

그러나 아무리 늦은 밤까지 드라마 영화를 보아도 어김없이 새벽4시면 기상을 한다. 새벽기도회가 있기 때문이다. 1~2시간밖에 잠을 못 자더라도 꼭 일어난다. 그리고 피곤하다는 말을 하지도 않는다. 사모로서 새벽예배를 빠질 수 없다는 생각이 있기 때문이다. 그래서 아내는 가능한 TV를 틀지 않는다. 그것이 영적 생활에 도움이 되고 현명하기 때문이다.

나도 좋아하는 것이 있다. 영화나 드라마가 아니라, 시사성의 정책토론 같은 것을 좋아한다.

TV에서 전문가들이 나와서 서로 설득하며 자기들의 의견을 주장한다. 상대방을 비판하기도 하고, 자기의 뜻을 관철하기도 하면서 펼쳐나가는 것을 보면서 나의 생각도 정리할 수 있다. 주제에 걸맞는 패널리스트들이 나름대로 설명하는 것을 보면서 상식도 얻고 많은 것을 배우게 된다. 그리고 현실을 직시하며 또 느끼게 하는 것들이 많다. 그런데 이러한 프로그램 역시 대부분 밤늦게 진행을 한다. 그러니 새벽예배에 부담이 되기도 한다. 그렇지만 나 역시 새벽을 빠질 수가 없다. 목사이기 때문이다.

그만큼 그 사람의 위치와 생각이 너무 중요하다. 자기에게 주어진 직책과 맡겨진 책임에 대한 생각이 있으면 무엇이든 문제가 되지 않는다. 사람은 그 위치와 그 생각이 그 사람을 만들어 준다. 사람의 능력은 그 가지고 있는 생각에 따라 달라지는 것이다. 생각이 그 사람을 그렇게 또 그만큼 만들어 주게 된다.

막내인 내가 직장생활을 하다가 목사가 된다고 하니까, 형님과 누님들이 제일 걱정을 많이 했던 기억이 난다. 왜냐하면 그렇게 새벽잠이 많은 애가 어떻게 목사가 되겠느냐는 것이다.

당연히 새벽기도회 1년 365일 아침 일찍 일어나는 것이 결코 쉽지 않다고 생각을 하고 있었기 때문이다. 사실 나도 신경이 쓰이는 것이었지만, 주님이 힘주시면 하겠다고 고백을 하며 생각을 붙잡으니까 역시 주님의 은혜로 잘 감당하고 있는 것이다.

더 이상 속으면 안 된다. 우리는 믿음의 사람이다. 내가 못하는 것이 아니라, 주님이 하신다는 생각이 영성이다. 이렇게 살아가는 것이 영적 삶이다. 이제 여름철, 영적 재충전의 계절이 되었다. 교회마다 영성을 위한 다양한 프로그램으로 한 여름을 더 뜨겁게 하고 있다.

교회를 통하여 이 땅과 민족을 살리며 열방을 향하여 하나님의 뜻을 이루어야 한다.

2012년의 여름을 통하여 영성이 회복되고 영적인 삶으로 풍성하게 살아가는 영적 계절이 되었으면 좋겠다.

2012년 7월 1일

'그러므로'와 '그러나'의 사람?

긍정적인 사람과 부정적인 사람이 있다. 당연히 부정정인 것 보다 긍정적인 것이 더 좋다. 그래서 늘 긍정적으로 살아가야 한다고 강조하며 나 역시 매사에 그렇게 살고 있다. 언제든지 항상 긍정적인 사람, 그렇기에 말을 할 때에도 긍정적인 언어를 사용하는 것이 좋다.

'그러므로'라는 말은 긍정적이다. '그러나'는 부정적이다. 그래서 사람들과의 대화중에도 상대방 의견에 긍정적인 모습을 보이는 것이 '그러나'라는 부정적인 반응을 보이는 것 보다 더 아름답다. 그렇지만 언제나 '그러므로'만 될 수가 없다. 또 그렇게 되어서도 안될 것이다. '그러나'의 말이 필요하고 또 때에 따라서는 '그러나'의 사람이 되고 그 부정적인 언어와 단어를 사용할 수 있어야 한다.

많은 학생들이 있는데 거기 대부분의 학생들은 공부를 잘 못한다. 공부보다는 딴 짓거리를 더 좋아하고 불량하다. 그렇다면 거기에서는 '그러므로'가 아니라 '그러나'가 되어야 한다. '그러나 나는 열심히 공부를 한다' '그러나 나는 그들과 어울리지 않고 학생의 본분을 잘 지키고 있다'가 옳은 것이다. 많은 사람들이 못된 짓을 한다. 거짓말과 사기꾼, 깡패 집단과 같다. 그렇다면 거기에서는 '그러므로'가 되면 안 된다. '그러나 나는 그들과 다르다' '그러나 나는 거짓말을 하지 않는다'가 되어야 할 것이다.

그 상황과 형편에 따라서 부정적인 모습이 되어야 할 경우가 얼마든지 있다. 지금 우리의 삶의 현장은 어떠한가? 차라리 부정적인 사람이 되는 편이 더 낫다는 생각이 든다. '그러나'가 필요한 때에 살고 있는 오늘의 현실인 것을 절실하게 느끼고 있는 것이다. 정치인들이 뇌물을 받고 권력을 악용하고 있기에 신뢰할 수 없다. '그러므로 나도 힘 있는 자리에 있을 때에 그렇게 한다'가 아니라 '그러나 나는 불의와 어울리지 않고 한 치의 부끄러운 짓을 하지 않는다'가 되어 청렴하고 정직한 정치인, 기업인이 되어야 할 것이다.

선후배의 많은 목회자들이 '지금은 개척시대가 지났다. 그러므로 목회도 어렵고, 안되고, 힘들다'라고 한다. 그러나 아니다. '그러므로 나도 어려운 것이 아니라, 그러나 된다. 할 수 있다'인 것이다. 이것이 참 긍정의 모습이며, 특히 믿음 안에서는 얼마든지 부정이부정이 아니라, 긍정이 될 수 있다는 것을 알아야 한다. 그러기에 부정적인 상황에서는 오히려 부정적인 단어와 말로서 진정한 긍정의 사람이 되어야 할 것이다.

'그러나 노아는 여호와께 은혜를 입었더라'

지금 '그러나'의 사람이 필요한 시대에 살고 있다. 정치 경제 사회 문화 교육 종교계의 모든 분야에 '그러므로'가 아니라 '그러나'의 강한 부정이 오히려 긍정의 사람이 되어서 승리하며 하나님은 그들과 함께 할 것이다. 차라리 이 시대에 '그러나'의 사람이 되게 하옵소서!

2012년 7월 22일

아름다운 추억!

2012년 꿈가족 여름수련회를 제주도에서 가졌다. 제주공항에 도착하여 '여행은 추억을 만드는 것이다. 금번 수련회를 통하여 많은 추억거리를 만들어 보라. 인생은 여행이다' 라고 버스 안에서 교인들에게 얘기를 했다. 그래서 제주도의 추억을 만드는 프로그램으로 '바닷가의 추억' '한여름 밤의 추억' '너와 나의 추억' 등 이름을 붙여서 수련회를 진행하기도 했다. 2박 3일간의 아쉬운 일정으로 재미있고 유익한 시간들을 뒤로 한 채 밤 비행기로 제주도를 떠나야 하는 시간이 되었다.

웬일인가, 오후부터 심상치 않더니 우리가 떠나야 할 밤 9시가 되자 '카눈' 이라는 태풍이 강한 비바람을 몰고 와서 제주 전 지역을 강타하기 시작했다. 결국 우리가 타야 할 비행기는 물론 모든 비행기가 결항이 되었다. 우리 일행 48명의 대 식구가 발이 묶여서 머무를 곳도, 쉴 곳도, 갈 곳도 없는 난처한 입장과 위기상황에 놓이게 되었다.

옆에 있던 김 집사가 말한다. '목사님, 여행은 추억을 많이 만들어야 한다고 하시더니, 결국엔 이 엄청난 추억을 하나님께서 또 우리에게 만들어 주시네요' 했다. 그러나 이 추억은 사실 우리에게는 너무 벅차고 심각한 문제가 되고 있었다. 내일 출근해야 할 사람, 학교가야 할 학생 등 이러저런 이유로 꼭 오늘 밤에 가야 되는데 정말 큰일 났다. 우선순위를 정해서 1,2명씩이라도 공항에서 대기하고 있다가 자리가 나면 태워 보내야 하는데, 그 많은 인원이 모두 공항에 나와서 언제까지 기다리고 대기해야 할지도 모르는 상황이었다.

그러나 우리 하나님은 우여곡절 속에 정말 잊을 수 없는 아름다운 추억들을 우리에게 만들어 주셨던 것이다.

제주 기적의 교회에서 정성학 목사가 우리의 난감한 입장을 알고 기쁨으로 맞이하여 편하고 넓은 곳에서 시원하게 하룻밤을 더 보낼 수 있게 해 주었다. 그동안 마음껏 기도하지 못했던 우리에게 이 밤에 간절함으로 교회에서 부르짖을 수 있는 영적 추억거리를 만들 수 있게 된 것이다.

아침에는 우리 일행을 위하여 진수성찬으로 아주 풍성한 식사를 제공하여 육적인 문제도 해결해 주었다. 우리 교인들은 감동을 먹었다. 주 안에서의 정성과 사랑의 섬김에 지금도 잊지 못하고 기적 교회에서의 추억을 마음에 간직하고 있는 것이다.

하나님께서는 특별기를 허락하셔서 우리 일행 모두가 극적으로 제주를 탈출할 수 있었다.

우리 일행을 도와주고 최선을 다하는 이스타항공사의 홍미영 대리의 친절과 서비스 정신에서 우리들은 감동이 되었고, 아름다운 추억으로 지금도 간직되고 있는 것이다.

뉴스에서나 보았던 태풍의 위력으로 직접 외돌개를 휘몰아치는 엄청난 파도의 그 멋진 장관을 우리는 보았다.

그렇기에 제주에서의 여러 가지 아름다운 추억들이 우리 인생에 더 풍성하고 행복하게 만들어 주고 있는 것이다. 2012년 8월 5일

행복한 여름밤

여름이 지나고 있다. 그 어느 해 보다 제법 무더운 여름이었다. 밤이 되면 더욱 짜증스러울 정도였다. 그러나 이 여름밤이 나에게는 너무도 행복한 밤이 되고 있다.

강화에 있는 조 권사가 여름이 다가도록 시원한 막국수 한번 대접하지 못했다며 늘 아쉬워했다. 오늘은 아예 마음을 먹고 계획을 짜서 목사님과 교인들에게 대접하고 싶다며 준비를 해왔다. 막국수 육수와 음식들을 봉고차에 잔뜩 싣고 와서 교인들과 함께 먹을 수 있게 했다. 최고의 맛이라며 이구동성으로 이만한 막국수의 맛과 육수의 진한 맛을 보지 못했다면서 감탄들을 했다. 음식 맛에 일가견이 있는 미식가 우 집사까지 정말 잘한다며 칭찬을 했다. 한식, 양식의 자격증이 있다는 이집사도 나름대로 이러쿵저러쿵 평가를 하며 후한 점수의 만점을 줬다. 평소에 잔소리(?)하던 시어머니까지 정말 맛있다고 좋아하신다. 한창 크는 학생들까지 달려와서 싹쓸이를 했다. 나도 국물까지 다 먹었다.

이 밤에 또 몇 시간 전에 먹었던 막국수 생각이 난다. 그래서 사랑하는 조 권사가 해준 막국수의 맛을 음미하며 감사해서 지금 이렇게 글을 쓰게 된다. 일부러 시간을 내서라도 빨리 강화 진보정에 가서 막국수 먹을 생각을 해 본다. 그리고 최고의 맛을 내는 음식점이기에 하나님께 감사기도하며 예배도 드리려고 한다.

또 정집사가 있다. 친구가 송산에서 포도밭을 한다며 작년부터 목사님과 함께 가고 싶다는 성화에 오늘 갔었다. 친구를 보면 그 사람을 안다고 역시 은혜가 되었고 감동이 되었다. 즉석에서 찬송을 부르며 예배를 드림에 만남의 축복과 사랑을 느꼈다. 푸짐하게 내 놓은 큼지막한 포도 4송이를 나 혼자 단숨에 해치웠다. 마당까지 배웅하며 나와서 또 차에 포도상자를 실어줬다. 방금 사랑하는 정집사로부터 전화가 왔다. 오늘 목사님이 함께 하셔서 너무너무 감사하다며 친구가 좋아하더라는 것이다. 말씀도 넘 은혜롭다며 우리 목사님 정말 고맙고 감사하다는 것이다. 이들이 있기에 여름밤이 정말 아름답고 시원하게 느껴지는 것이다.

지난 런던 올림픽에서 금메달을 따서 우리에게 감동을 주며 기쁨을 주었던 유도 김재범 선수의 고백이 있었다. 그토록 1등을 하고 싶어서 하루에 1이 4번 있는 11시 11분에 매일 기도를 했다는 것이다. 이에 우리 교회도 1등을 위한 11시 11분 기도와 천사의 기도 10시 4분 그리고 5병2어의 기적과 축복의 현장을 꿈꾸며 5시 2분 기도를 하고 있다.

강화 진보정에서 음식점을 하고 있는 조 권사 내외는 멀리 있지만 하루 3번씩 이 기도를 할 수 있어서 너무 좋다고 문자가 오고 카톡을 보낸다. 안양에서 시간마다 빠짐없이 달려 나오는 정 집사 내외도 충성스럽게 헌신하며 일삼 기도가 있어서 너무 좋다며 입에 은혜의 고백이 떠나지 않고 있다. 그들뿐만이 아니라, 내 목회에 자랑이 되는 믿음의 사람들이 많이 있다. 그러기에 언제나 행복하며 이 여름밤은 더욱 시원하고 아름다운 것이다.

다음주일에는 교회에서 장년 캠프를 한다. 아동부, 학생부, 청년부에 이어 어른들도 한다. 이에 우리 청년들이 식사를 비롯하여 직접 섬기기로 했다. 얼마나 기특하고 아름다운 일인가? 교회와 목사 그리고 성도들이 서로 함께 사랑하며 정성으로 섬기는 모습들을 보며 이 여름밤에 나는 행복해 하고 있다. 지금 강력한 태풍이 올라온다고 하지만 사랑하는 식구들과 함께 하는 목회는 상황이 어떠하든 감사하고 행복한 것이다. 이 행복한 여름을 보낼 수 있게 허락하신 하나님의 은혜와 우리 꿈너머꿈교회가 존재함에 감사기도를 드린다.

우리 조 권사 내외는 일주일 내내 강화에서 음식점을 하며 열심히 일을 한다. 그리고 주일이면 그 바쁜 중에도 피곤을 마다하고 이곳 동탄까지 달려온다. 영의 양식을 먹고 충전을 받아야 또 일주일을 너끈히 살아갈 수 있다는 것이다. 사모함으로 교회에 달려오면 나의 입술로 하나님께 찬양해야 한다고 성가대에서 하나님께 찬양으로 영광 돌린다. 또 있다. 다음세대를 포기할 수 없는 사명감이 있기에 아동부장으로 충성하고 있다. 지난주일의 담임목사 설교를 일주일 내내 묵상하며 준비해서 주일아침이면 아동들에게 그 메시지를 다시 선포한다. 완전히 말씀의 사람이 되니 힘들지 않고 멀지 않고 감사할 뿐이라는 것이다. 많은 성도들에게 본이 되는 아름다운 믿음의 용사인 것이다.

2012년 9월 2일

16호 태풍 산바를 보내면서

금년 여름에는 유난히 우리를 무섭게 한 것이 제법 많았다. 지난 7월 카눈을 비롯하여, 볼라벤이 강풍을 앞세워 우리를 위협했고, 덴빈은 물폭탄을 떨어트리고 사라졌다. 이번에는 16호 산바가 강풍에 폭우까지 동반하여 남부 해안지역과 경상도, 강원도에까지 많은 피해를 주었다.

지난 런던 올림픽에서 금메달을 따기까지의 선수들에게는 하나같이 고난과 역경들이 많았던 것을 알 수 있다. 몇 번이고 포기하고 싶을 정도의 고된 훈련과 수없이 많은 난관들이 있었지만 모두 이겨냈던 것이다. 어떤 면에서는 누가 더 많은 어려움이 있었고 또 그 모든 역경을 잘 통과하고 극복했느냐에 따라 메달의 색깔이 달라졌다고 해도 과언이 아닐 것이다. 숱한 아픔을 딛고 일어나서 얻게 되는 승리의 기쁨이기에 더욱 장하고 값진 감격의 눈물이 되는 것이다.

구원의 역사도 그냥 저절로 되는 것이 절대로 아니다. 죄와 사망으로 매어있는 인간들을 살리기 위하여는 그만한 대가를 치루어야만 했던 것이다. 이것이 바로 십자가 사건이다. 온 인류를 대신한 죄 값으로 온갖 모욕과 조롱, 채찍과 손발, 옆구리, 머리에 피투성이가 되도록 반드시 죽어야만 했던 것이다. 그러나 예수를 향한 고난과 죽음은 바로 부활로 이루어졌고, 그래서 우리에게도 구원의 새 생명이 이루어지게 된 것이다. 영원한 생명을 주기 위한 예수 십자가의 고난과 죽음은 온 인류에게 소망이며 부활의 약속이 된 것이다. 고난 없이는 참 구원이 없는 것이다. 현대인들은 힘든 일을 싫어한다. 어려움을 피하려고 한다. 일 조금하고 편한 직장을 찾는다. 적당히 편리하게 신앙생활 할 수 있는 교회를 찾는다. 고생이 약이 되는 것을 모른다. 당장 편하고 지금 좋으면 그것으로 만족하고 그냥 좋은 것이다. 문제가 오면 해결하려는 의지보다는 회피하고 포기해 버린다. 그러다보니 너무 나약하다. 사소한 일에도 힘들어하고 스스로 견디지 못한다. 이것이 밖으로 표출되어 강하게 나타나면 닥치는 대로 사람을 해치며 죽이는 엄청난 사고를 저지른다. 또 안으로 나에게 나타나게 되면 자기 목숨을 끊어 자살하여 죽음으로 표출하는 것이다. 그러나 절대로 안 된다. 그 강함과 용기를 가지고 이겨낼 수 있어야 한다. 한 여름의 태풍 없이 맑고 푸른 가을 하늘이 찾아오기 어렵다. 십자가 고난 없이 부활이 없고 새 생명을 얻을 수 없는 것이다.

이러한 찬송이 떠오르며 부르게 된다. “어두운 후에 빛이 오며 바람 분 후에 잔잔하고 소나기 후에 햇빛 나며 수고한 후에 쉼이 있네, 연약한 후에 강건하며 애통한 후에 위로받고 눈물 난 후에 웃음 있고 씨 뿌린 후에 추수하네, 괴로운 후에 평안하며 슬퍼한 후에 기쁨 있고 멀어진 후에 가까우며 고독한 후에 친구 있네, 고통한 후에 기쁨 있고 십자가 후에 면류관과 숨이 진 후에 영생하니 이러한 도는 진리로다”

그렇다. 그러기에 우리는 지금 고난이 와도 감사하고 그 속에 감추어진 하나님의 섭리와 축복을 바라보고 나아간다. 이것이 나의 간증이요, 이것이 나의 찬송이 될 수 있기를 바란다.

2012년 9월 23일

아동부 (다음세대)와 함께

교회 벤치에서

세미나 강의(100주년기념관)

가족소개(형님, 누님2, 형, 아내, 딸, 아들)

예수님의 양극화!

있는 자와 없는 자, 가진 자와 그렇지 못한 빈부의 격차가 오늘날 사회문제가 되고 있다. 정부에서도 이를 해결하고 극복하기 위하여 여러 가지 대안을 제시하고 있지만 쉽지 않다. 시간이 지날수록 이러한 양극화의 현상은 더욱 심각하고 모든 분야로 확산되고 있다. 기업 간에 양극화, 지역 간의 양극화, 교육 간의 양극화, 세대 간의 양극화, 종교 간의 양극화, 이제는 생각과 사고의 양극화 현상으로까지 심화되고 있다.

서로 간에 생각이 다르고 차이가 나다보니 우려할 정도의 상태까지 이르고 있다. 함께 더불어 살아가야 할 사회 공동체에서 극과 극을 이루면서 서로가 대립을 하고 있는 것은 정말 아름답지 못하다. 지나친 보수와 진보, 이념적인 갈등으로 우리는 같은 나라, 같은 민족이 아니라 서로 간에 타도의 대상으로 바뀌고 있기에 안타깝다. 자유 민주주의 국가에서 얼마든지 내 생각을 표출할 수 있고 주장할 수 있는 것인데, 그러나 내 것만 옳고 다른 것은 틀린 것으로 아예 정죄하는 모습은 결코 바람직하지 못하다. 이해할 수 있는 사고의 폭이 전혀 없고, 조금도 양보가 없고, 무조건 절대로 안 되고, 틀린 것이며, 원수가 되면 곤란하다.

시간이 지날수록 건널 수 없는 강처럼, 극과 극으로 치달아 대선을 앞두고 정치인, 일부 지도자들로 인하여 밑바닥 선량한 국민들까지 사고의 양극화 현상이 나타나는 것은 위험하다. 정치 지도자들이 나라를 살리고 백성을 잘되게 하는 것이 아니라, 오히려 망치게 하는 것 같아 속상하다. 상대편 후보는 무조건 절대적으로 안 된다는 지도자들에 따라 국민들 역시 생각이 갈라지고 있다. 서로의 분열로 쪼개진 상황에서 누가 대통령이 되건 이 나라가 화합하기 어렵다는 생각이 든다. 국민을 섬기겠다면서 오히려 국민들까지 양분화 시켜서 양극화의 현상으로 가속화시키는 언행심사를 삼가야 할 것이다. 만약 그렇다면 그들은 진정한 지도자가 될 수 없다. 나라를 위한 정치 지도자들이라면 국민들만이라도 서로의 생각과 의견을 존중해 줄 수 있고 조화를 이룰 수 있는 분위기로 이끌어 가야 할 것이다.

지금 또 하나 우리를 실망케 하고 있는 것이 있다. 종교계까지 양분화 된 문제가 파급되어 몸살을 앓고 있는 것이다. 대형교회와 미자립교회의 눈에 보이는 크고 작은 것의 차이를 넘어, 서로가 지나치게 생각의 양극화 현상으로 교회가 치닫고 있다.

최근에 교회세습에 관한 논란이 있었고 지금도 계속되고 있다. 기독교대한감리회에서는 아예 교회법으로 목사와 장로의 자녀들이 그 교회에서 목회를 하지 못하도록 소위 세습 방지법을 만들어 통과 시켰다. 다양한 현대의 상황 속에서 그 제도의 옳고 그른 것을 떠나 또 다른 양극화의 현상으로 지금 나타나고 있는 것들이 사실은 더 위험하고 무서운 것이다.

마땅히 간음한 여인은 돌로 쳐 죽임을 당해야 했지만 예수님은 그렇게 하지 않았다. 과정과 방법도 좋았다. 나는 옳고 너는 죄인이라 할지라도 그를 비난하며 정죄하지 않았다. 2012년 10월 14일

10월의 생각!

파스칼은 '사람은 생각하는 갈대다'라고 말했다. 갈대처럼 연약하지만 생각할 수 있는 능력이 있기에 사람이 될 수 있다는 것이다. 공감이 된다. 정말 생각이 없는 사람을 보면 한심하고 실망감을 느끼게 되기도 한다. 현대인들, 특히 젊은이들이 생각하기를 싫어한다면 사람이기를 포기하는 것과 같기에 안타깝다.

데칼트가 말했다. '나는 생각한다. 고로 존재 한다'라고, 공감이 되는 말이다. 사람이 생각하고 있기 때문에 존재할 수 있고 또 존재할 가치가 있다는 것이다. 그만큼 생각이 사람에게는 중요하다.

지금 10월의 가을, 단풍이 들고 푸른 하늘을 보며 다시한번 생각하는 계절이 되었다. 나는 이렇게 생각해 본다. "나에게는 소망이 있다. 고로 나는 존재 한다"라고,

사람을 존재하게 하는 힘은 생각이다. 그러나 여기에 소망이 없으면 그 사람은 존재하기가 어렵다. 소망이 아닌 절망의 생각이라면 왜 존재해야 하는지 의미를 모르고, 자신을 무가치한 존재로 여기고 스스로 삶을 포기하는 경우가 생기는 것이다.

많은 사람이 부러워하는 유명 연예인이나 돈 많은 부자들도 소망이 없다보니 그 존재를 부정하고 삶을 포기하여 자살로 이어지는

것을 보게 된다.

학생들이 공부를 하면서 일류대학의 꿈이나 진로, 미래에 대한 소망을 잃게 되면 공부를 중도에 포기하게 된다. 그리고 더 심각해지면 아예 인생을 포기하기도 한다. 이처럼 소망이 없으면 무서운 결과를 가져온다. 그 존재가 힘들고 어려워지게 되는 것이다.

그러나 소망이 있을 때에 존재할 의미와 가치를 느끼게 된다. 삶의 의욕이 생긴다. 사람으로서 살아갈 힘과 용기가 솟아난다. 건강한 인생이 된다. 삶의 목표가 분명해 진다. 그래서 소망이 있으면 우리의 현실이 아무리 힘들어도 문제가 안 된다. 상황과 여건이 어려워도 내일의 꿈과 소망이 있다면 개의치 않고 열심히 최선을 다하게 된다. 그 어떠한 난관도 능히 이기고 극복하게 된다. 이처럼 소망은 우리 인생을 행복하게 만들어 주는 가장 귀한 하나님의 선물이 되는 것이다. 하나님은 소망 그 자체가 되신다. 인류의 소망은 예수 그리스도이시다. 그래서 우리 인간에게 소망을 주는 유일한 통로가 된다. "소망의 하나님이 모든 기쁨과 평강을 믿음 안에서 너희에게 충만하게 하사 성령의 능력으로 소망이 넘치게 하시기를 원하노라(로마서 15:13)"

계속해서 하나님의 꿈을 향한 우리들의 아름다운 소망을 품을 수 있어야 한다. 내가 못한다고, 안된다고, 어렵다고, 지쳤다고, 없다고, 좌절하거나, 포기하고, 주저앉아, 낙심하며, 절망하지 말자. 하나님의 일하심으로 불가능을 가능케 할 멋진 소망을 품고 나아가자.

갈대처럼 연약한 존재라 할지라도 소망이 있으면 전혀 문제가 되지 않는다. 괜찮다. 피곤치 않다. 나만 겪는 고난이나 아픔도 결코 아닌 것이다. '의인은 일곱 번 넘어질지라도 다시 일어나는(잠

24:16)' 것이다. 반드시 일어나야 할 소망이 우리에게 있다.

오늘도 내일도 날마다 우리를 건강하게 존재케 하는 강력한 힘인 소망이 있기 때문에 언제나 행복한 것이다.

나에게는 소망이 있다. 고로 나는 존재한다!

2012년 10월 28일

바자회(꿈너머꿈교회 마당)

경로당과 자매결연

극동방송
소망의 기도진행

출판기념 및 세미나 후 기념촬영(100주년기념관)

즐거운 소풍!

집은 안양이다. 직장은 과천에 있다. 교회는 동탄으로 다닌다. 안양에서 과천은 매일같이 다니는 길이다. 그리고 거리가 그다지 멀지 않다. 그래서 부담 없이 출퇴근을 하고 있다. 그러나 일하는 업종이 하루 종일 서서 많은 사람들을 상대하다 보니 피곤하고 힘들기도 하다. 그러니 일주일 동안 열심히 일을 하다가 주일이 되어 교회에 가는 거리가 가까우면 더 좋을 것이다.

그러나 곽 집사는 이렇게 말한다. '매주일 우리는 소풍을 가요, 그래서 재미있고 즐거워요' 라고 언제나 기쁨으로 말한다. 어릴 때에 가장 좋았던 추억은 소풍가는 날이었다. 아무리 멀어도 소풍은 좋았고 또 소풍의 맛은 제법 먼 거리일수록 더 좋았던 기억이 있다는 것이다.

안양에서 동탄으로 소풍을 가다보면 계절의 변화를 느끼게 된다. 사실 사무실에 있다 보면 아침 일찍 출근하고, 저녁 늦게 퇴근하면서 어떻게 세월이 흐르고 있는지 모르게 되는데, 교회를 오가면서는 이런저런 풍경을 보며 너무 좋다는 것이다.

바쁜 현대인들이 매주일 소풍을 갈 수 없는데, 우리는 이렇게 소풍을 갈 수 있으니 행복하다는 것이다. 소풍을 가는 마음과 기분으로 교회에 와서 맛있는 점심도 먹고, 무엇보다 최고 영의 양식을 먹으니 언제나 건강하고 새 힘이 난다는 것이다. 피곤을 이기고 또 한 주간 살아갈 은혜와 용기를 얻는 시간이라는 것이다. 안양에서 동탄으로 떠나는 주일은 최고의 소풍이며 늘 기다려진다며 기뻐하고 있는 것이다.

이러한 성도가 있으니 참으로 감사하고 행복하다. 목회의 맛이 있고 보람도 느낀다. 아닌 게 아니라 우리 교회는 제법 멀리 안양은 물론 서울 사당동과 방배동, 강화, 심지어 대전에서도 온다. 그리고 우리 교회는 말 그대로 교인들이 소풍을 왔다고 할 만한 분위기 좋은 곳에 위치하고 있다.

도시 속에 시골의 모습을 담고 있다. 뒤편으로는 구봉산이라는 작은 산과 등산로의 데이트 코스가 있으며, 봄이면 신록이 우거지며 아카시아 꽃내음이 진동을 하기도 한다.

교회 앞으로는 논이 있고 밭이 있어 한눈에 농사짓는 모습이 들어온다. 봄이면 밭이랑을 갈며 씨를 뿌리고, 여름이면 몰아치는 장마와 태풍에 농부의 마음을 실감하며 안타까워하기도 한다. 또 가을이 되어 알알이 맺혀있는 알곡들의 풍성함을 느끼기도 한다. 이제 지금은 추수한 후의 텅빈 들판들이 모든 사명을 다 마치고 의기양양하게 겨울을 맞이하는 모습을 볼 수 있다. 이처럼 사시사철 계절의 흐름을 한눈에 보면서 어릴 때 내 고향 강원도에서 거닐던 논둑길이 생각나기도 한다.

교회 앞 편으로는 '두산위브'라는 고층건물의 아파트들이 즐비하게 늘어서 있다. 콘크리트의 도심으로 아파트 숲을 이루고 있다. 이러한 시골의 향수와 도심이 함께 어우러져 있는 다양한 모습에 아내는 언제나 좋아한다. 아내가 좋아하니 나도 더 좋아진다. 하나님도 세상을 지으시고 언제나 하신 말씀이 '보시기에 심히 좋았더라' 였다. '아, 그렇겠구나' 나도 실감을 하면서 하나님 은혜에 감사하고 감격해 한다.

오늘도 사랑하는 성도들과 함께 예배를 마치고 서울 성모병원에 입원하고 있는 이 집사를 만나고 왔다. '내 몸으로 화장실에 갈 수 있는 것만으로도 감사해요' 라고 말하는 곽 집사를 보며, 오늘은 반대로 내가 서울로 소풍을 다녀오면서 비오는 이 늦은 밤에 하나님께 감사기도를 드리며 잠자리에 들게 된다.

2012년 11월 18일

하얼빈

허브빌리지

빈의자

힐링 푸드(healing food)를 먹는 사람!

주일 예배를 모두 마치고 여러 모양으로 헌신하며 섬기는 사랑하는 청년들과 함께 저녁식사를 하게 됐다. 동탄 먹거리 노작공원 근처에서 값도 저렴한 닭 한 마리를 시켜서 맛있게 먹었다. 주일 예배의 은혜 받은 말씀을 나누고 또 오늘 있었던 이런저런 교회 일들을 허심탄회하게 이야기 하면서 피로를 씻게 하는 아주 행복한 시간이 되었다. 어느 한 자매가 말을 한다. '목사님 오늘 저녁은 정말 힐링 푸드였어요. 다 치유된 것 같아요' 라는 것이다.

그렇다. 먹는 것도 힐링이 되어야 한다. 배부르게 먹는 것보다, 영양가가 얼마나 있느냐 보다 더 중요한 것이 된다. 그래서 요즈음 한창 관심을 갖는 것이 바로 '힐링' 이다. TV 프로그램에도 힐링 캠프가 있어 인기를 끌고 있다. 출판시장에서도 힐링 책들이 쏟아져 나오면서 아예 힐링도서 전용코너가 있기도 하다.

2000년대에는 웰빙(well-bing)이 대세였고, 그 열풍도 대단했다. 여기저기 모든 상품과 기업의 마케팅에도 '웰빙' 이란 단어가 들어가야만 했다. 그러나 지금은 변하여 힐링의 시대가 된 것이다.

이제는 어디에서나 무엇이든지 먹고 마시고 자는 것까지 모든 것들이 다 힐링이 되어야 한다. 그만큼 현대를 살아가는 모든 사람들에게 치료가 필요한 것이다. 누구에게나 절대적으로 힐링이 요구되고 있는 현실이다.

현대인들은 잘 살고 또 부족함이 없다. 살이 찌고 배가 불러서 죽겠다고 말할 정도이다. 그러나 겉모양은 멀쩡하고 보기에 좋아도 속은 말 못할 온갖 아픔으로 신음을 하고 있다. 말 한마디에 상처를 받고 힘들어 하며 외로움으로 지쳐있는 것이다.

인간으로 태어나서 첫 유치원에 들어가기 전부터 엄마들의 치맛바람에 아이들도 덩달아 더 좋은 유치원, 더 나은 시설, 더 비싼 것들을 추구하며 생존경쟁에 시달리는 인생이 시작된 것이다. 학생들의 학업성적, 청년들의 취업난, 직장인들의 바쁜 업무, 중년들의 언제 직장을 잃을지 모르는 불안과 노후대책, 노년의 질병과 죽음이 어떻게 닥쳐올지 인생의 허무함 등으로 누구를 막론하고 편치 못하다.

여기에 상상을 초월하는 각종 사건과 사고의 위험으로부터 온갖 염려와 불안감, 두려움과 공포에 시달리는 것이 일상이 돼 버렸고, 우리 사회 곳곳에서 비명이 터져 나오고 있는 것이다. 결국 희망을 포기하는 사람들이 늘고, 인생을 잃어버리는 비참한 모습이 계속 증가하고 있는 것이다.

이에 현대를 살아가는 사람에게 누구나 예외 없이 하루 3번 먹는 것부터 힐링 푸드가 되는 것이 중요하다. 힐링 푸드는 음식 자체에 달린 것이 아니다. 함께 먹는 자가 누구냐에 따라서 결정되는 것이다. 껄끄러운 사람과 함께 먹으면 배탈이 나고 영양은커녕 오히려 독이 된다. 그러나 함께 먹는 자가 좋으면 어떤 음식이라도 힐링이 되는 것이다.

우리는 함께 있어 행복한 사람들이 되어야 한다. 함께 있어 행복한 남편과 아내, 자녀들이 될 때에 힐링 푸드의 가정이 될 수 있다. 함께 있는 사람들, 함께 삶을 나누는 지금의 사람과 아름답지 못하면 스트레스가 되어 아무리 비싼 최고의 음식을 먹어도 소용이 없다.

지금 나와 함께 있는 사람이 누구인가? 서로 사랑할 수 있기에 함께 있어 행복을 나눌 수 있으면 좋겠다.

2012년 12월 9일

우간다 리버티교회에서 설교

설교와 찬양

우간다 한인교회
설교와 축도

스텝들과 함께

우간다(캄팔라) 한인교회에서 설교

이제부터가 중요하다!

대한민국의 대통령을 뽑는 대선을 치렀다. 그동안 나라전체가 아주 시끄러웠다. 일단 어떤 모양으로든지 정리가 되었기에 이제부터가 매우 중요한 것이다.

대선기간 중에 여론조사에 대한 전화를 받은 적이 있었다. 어디에 살고 있는지, 연령대를 묻는 말에는 어렵지 않게 대답할 수가 있었다. 그러나 묻는 질문에 정확한 답이 없기에 곤란한 것들이 제법 많았다. 어쩔 수 없이 딱히 답이 없기에 나름대로 장황하게 설명을 하기도 했다.

그동안 하루를 지나면서 예전에 하지 않던 버릇이 자연스럽게 생겼는데, 매일 TV를 켜서 오늘 하루의 대선에 대한 정치적 이슈를 보는 것이었다. 연일 텔레비전을 통하여 후보들의 정책을 비롯하여 나름대로 정치 평론가들의 대담을 보고 들을 수 있었다. 또한 컴퓨터를 켜게 되면 의례히 정치적인 관심으로 기사에 클릭을 하기도 한 것이다. 이와 같이 매일 우리의 눈과 귀를 대선에 쏠리게 하고 온통 마음을 빼앗던 것이 드디어 막을 내린 것이다.

이제부터가 매우 중요하다. 엄청난 온갖 의혹과 비방으로 일삼던 모든 것들을 뒤로하고 일단 끝났다. 오직 목표달성만을 위한 결과 때문에 과정을 무시하면서 국민들을 무척이나 피곤하게 했던 무책임한 네거티브가 다시는 발을 붙이지 못하도록 해야 할 것이다. 그리고 도움은커녕 절대 악영향을 준다는 사실을 심판의 결과로 엄연히 보여줘야 할 것이다,

내가 원하고 지지하는 후보가 대통령으로 당선이 되건 안 되었건 이제부터 우리가 당면하고 있는 서민생활의 어려움에서 경제를 살려야 할 것이다. 또한 모든 분야에서 공약한 구체적인 정책의 실천이 매우 중요할 것이다.

그러나 놓치지 말아야 할 더 중요한 것이 있다. 정치 경제 사회 안보 등 각 분야에서의 양극화 문제, 극과 극으로 치닫는 것이 사실 더 큰 문제가 되며 무서운 것이다.

당연히 여야는 달라야 한다. 그러나 같은 나라, 같은 국민인데 너무 다르다보니 문제가 되는 것이다. 절대로 안 된다, 목숨 걸고 반대하며 국민에게 재앙이라고 까지 깊은 상처를 품고 있는 것을 보면서 걱정이 되기도 했다. 자기 생각을 제시하고 정당의 뜻을 펼치는 것은 얼마든지 필요하지만 큰 아쉬움을 갖게 하기도 했다. 또한 중도에 사퇴를 하면서도 국고보조금을 반환하지 않는 것은 공당으로서의 책임을 상실한 모습으로 보여 지기도 했다.

그러나 다행이었다. 대통령으로 당선될 유력주자의 마지막 3차 토론에서 말이 기억된다. 네 편, 내 편이 아니라 이념과 사상을 넘어서 전체를 보고 품을 수 있는 마음을 가지고 나라의 지도자가 되겠다고 약속을 했다. 통합의 정치와 상생의 정치를 하겠다고 강조했다.

이제 새롭게 당선된 대통령은 여야와 지역, 보수 진보의 사상과 세대를 뛰어 넘어서 대한민국 전체를 아우르는 리더십을 발휘해야

할 것이다. 국민이 한 마음 되지 못하면 경제를 살려도 실상은 어렵고 더 힘들고 결코 잘 사는 나라가 될 수 없는 것이다. 우리는 글로벌시대에 대통령과 함께 한 마음 되어 자랑스러운 나라를 만들어야 할 책임이 있다. 그동안 약속한 많은 공약과 정책들 중에서 최우선적으로 대통합의 100% 대한민국을 세워가는 새 역사의 출발이 될 것을 기대하며 18대 대통령 당선자에게 박수갈채를 보낸다.

2012년 12월 23일

말레이시아 까친족 설교

말레이시아 비전트립 설교

CTS 방송 후 진행자와 함께

천국환송 특별세미나
(감리교본부)

말레이시아 신유기도

장학금 전달(월기총 총재)

치유설교(음성 정신병원)

김헌수 목사의 위 해피(We Happy)

인쇄일 2020년 5월 19일
발행일 2020년 5월 19일

지은이 김헌수
발행인 김화인
펴낸곳 조 은
편집인 최현정
감수 홍미표
디자인 김진순
주소 서울시 중구 을지로20길 12 대성빌딩 405호(인현동)
전화 (02)2273-2408
팩스 (02)2272-1391
출판등록 1995년 7월 5일 신고번호 제1995-000098호
ISBN 979-11-88146-63-5
정가 13,000원

어린 시절

군대시절

청년 · 대학시절 및 농촌봉사

결혼 및 신혼여행

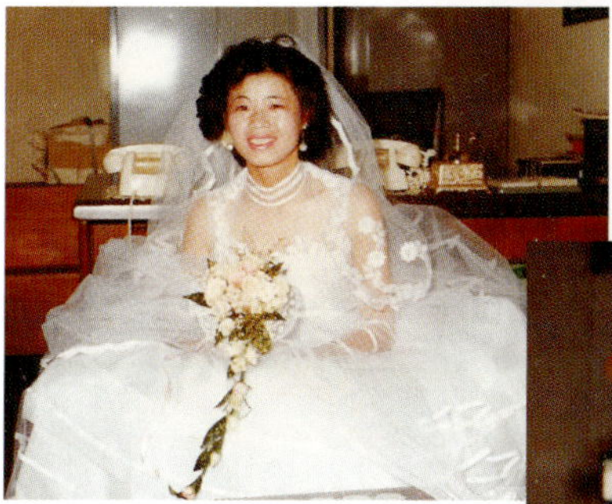

자녀와 함께

자녀들과 함께 선교

목사안수 및 박사학위 취득

소명교회 개척(목회)

성지순례(이집트, 베트남 외)

성지순례(이스라엘, 백두산 외)